U0102481

有趣的汉字王国 ⑥

汉字风云会

《汉字风云会》栏目组◎编著

关正文◎总策划

海峡出版发行集团 | 福建教育出版社
THE STRAITS PUBLISHING & DISTRIBUTING GROUP

青葫芦

本书顾问

（按姓氏笔画顺序）

王 瑾

杭州师范大学小学语文
教学法研究所副所长

刘丹青

中国社会科学院语言研
究所所长

刘祥柏

中国社会科学院语言研
究所教授

李山川

汉字科普学者

杨无锐

天津师范大学教授、文
学博士

张一清

教育部语言文字应用研
究所研究员

林志强

福建师范大学文学院副院
长、汉语言文字学博士点、
硕士点学科带头人

程 荣

中国社会科学院语言研
究所研究员、《新华字典》
第 11 版修订主持人

韩田鹿

河北大学文学院教授、硕
士生导师

鲁大东

中国美术学院书法博士

蒙 曼

中央民族大学历史系副教
授、硕士生导师

廖文豪

文化嘉宾

谭景春

中国社会科学院语言研
究所词典编辑室主任

编委名单

丛书主编

沈小玲

丛书副主编

平　颖

分册主编

沈晓惠

分册副主编

杨　芸　姚云菊

分册编委

张　岚　张建利　陈姣娇　范忠妹
费晓慧　钱晓英　高钟梅　魏　驰

思维的密码　微观的世界

　　所有买了这本书的家长都是非常有眼光的家长，所有在看这本书的小朋友都是非常棒的孩子。因为对每一个中国人而言，汉字都是生命成长的根。这是个坏消息，也是个好消息。

　　坏消息是汉字太难写了。好多老外，学了好多年汉语，中国话说得跟中国人似的听不出多大破绽，一到写汉字就露了馅儿。可见写汉字有多难。所有中国孩子都要把学习阶段的相当一部分精力用到学写汉字上，这个过程有点枯燥，有点漫长。但好消息是所有的中国人都因此成了超人，因为我们掌握了一种由人类发明的、复杂的交流工具。

　　除了汉字，别的文字都只能表示说话的声音，汉字却是在表达词语的意思。人类的祖先在发明不同文字的时候，有很多都是从画画开始的，但是别人都嫌麻烦，后来都改用表音体系了，只有汉字传到了今天。每个字都有自己的历史，每个字都包含着一个思维的密码，每个字都是一个微观的世界。这很了不起。所以学习汉字，比学习其他语言的文字有更多的乐趣和收获。

　　从这个角度而言，这是一本有关字的故事的书。它可以帮助孩子们记住很多汉字和语词，并且让这个过程变得有趣。也许有人会问，我还有那么多数学、英语作业要做，还要学钢琴，还要去游泳、踢足球，认识那么多字有什么用呢？这真是一个糊涂的想法，因为你想做好任何事情，都离不开认识很多字这个基础。

　　这个道理很简单，因为你做的所有事情都需要用脑子。什么叫用脑子呢？就是要体会、要琢磨、要有自己的判断。语言不光是用来说话的，它还是你思考的工具。认识的字少，你的语言就贫乏，你思考的工具就简单。同样是赶路，你光着脚连鞋都没有，能走多远呢？

认的字多，就能读懂更多的好书；会写的字多，就能更好地表达你的意思。简单的文字是很难表达复杂的感受和思想的。我们就说吃吧，这很简单是吧？如果你吃到一种别人没有吃到的食物，想跟别人说说有多好吃，可你只会用"香"这一个字，那你的感受可能根本就说不清。你可能需要用到"甜""酸""脆""滑""酥""糯""暄"等等好多可以用的字，你会的越多，就能说得越准。如果你用你发明的新科技发现了新的宇宙，这可比吃到一种新食物伟大多了，但你只会用"美"这一个字来描述你的发现，别人一定会以为你什么都没发现呢。所以，大家应该尽可能认识更多的字，掌握更多的词。

还有一个需要嘱咐小朋友的是，你们的爸爸妈妈为你们买了这本书，可能他们想到的只是让你们好好学习汉字。其实，你们学了之后，也可以成为父母的老师。你们可能不知道，人一辈子写字最多的时期，就是你们现在这个上学的阶段。大人们离开学校久了，习惯使用电脑，每天真正拿笔写的字都不如你们多。不常写就会忘，所以很多字你们会写，大人不一定会写。你们可以经常拿着书里的字词考考父母，帮助大人进步。

《汉字风云会》希望能帮助小朋友们更加有趣、更加高效地识字、写字。它的成果在这本书中。节目和书的源头都是咪咕智能词库，但却是两条河流。先看节目再看书，像是换了一套风景，两岸的景色完全不同，书里的花花草草更加细腻、立体。先看书再看节目，像是带着风景走进了电影院，每个字词都成了风景中的游戏。

感谢所有的观众和读者。识字和写字是一件应该持续终生而且非常享受的事情。

关正文

2017 年 10 月 18 日

目 录

汉字造字法

象形字

按照事物的形状画出来。

鱼，甲骨文为"🐟"。上面是头，下面是尾，中间的斜线表示鱼鳞。

指事字

不能画出来时，就用一种抽象的符号来表示。

刃，甲骨文为"𠚣"，意思是刀的锋利部分，用"刀"上加一点来示意。

形声字

由形旁和声旁组成。形旁表示字的意思或类属，声旁用来提示发音。

娴，形旁是"女"，声旁是"闲"。

会意字

两个或两个以上的偏旁组合起来，另造新字。

休，甲骨文为"𣓀"。一个人在树下歇息。

拌蒜

"拌蒜"是一个方言词，指走路时两脚常常相碰，身体摇晃不稳。也用来比喻技艺不精，做事不利。

你知道吗？

"蒜"，是一种草本植物名，所以是草字头。根据蒜瓣的大小可分为大蒜种和小蒜种，大蒜种是在西汉的时候从西域传入我国的，小蒜种是自古以来就有的品种。中医认为大蒜味辛、性温，具有暖脾胃、解毒、杀虫的功效。

"拌蒜"是一个方言词。还有"装蒜"一词在口语中也经常用到，意思是装糊涂、装腔作势。

举个例子

（二强子）两脚拌着蒜，东一晃西一晃地扑过来。

老舍《骆驼祥子》

邯郸学步

相传在两千多年前，燕国寿陵有一位少年，家境优渥，不愁吃不愁穿，长相也算得上是英俊潇洒、玉树临风。可他偏偏没有一点儿自信，总觉得事事不如人，低人一等。他看别人家饭是好吃的，衣服是好看的，就连站相坐相也是别人优雅。所以见什么学什么，学一样却忘一样。

有一天，他在街上碰到几个人说说笑笑，听到有人说邯郸人走路姿势特别优美，于是他赶紧上前问个究竟，但是别人口中所说的美到底是什么样子的，他想象不出来，就很想亲眼去看一看。于是他瞒着家人，去了千里之外的邯郸。到了邯郸，他觉得什么都很新鲜，大饱眼福。看到小孩走路，他觉得活泼可爱，便学了起来；看见老人走路，他觉得成熟稳重，也跟着学；看到妇女走路，摇摆多姿，他也学着走。

就这样，不到半个月，他连走路都不会了，两脚拌蒜，只好爬着回去了。

汉字大玩家

描一描，写一写篆书"蒜"。

【 é shǒu chēng qìng 】

额手称庆

把手放到额头上，表示庆幸。

你知道吗？

"额手称庆"很容易错写成"额首称庆"。那么，我们如何避免这样的错误呢？其实只要理解了"额手"的意思，就不会写错了。"额手"就是双手合掌放在额头上，所以是"手"而不是"首"。

举个例子

文公至绛，国人无不额手称庆。百官朝贺，自不必说。

〔明〕冯梦龙《东周列国志》第三十七回

额手称庆迎文公

"文公"指的是宋代的司马光。司马光从小就聪明过人，七岁时，不仅能背诵《左氏春秋》，还能讲明书中的要义。司马光19岁时就荣登进士，从此步入官场，直至翰林学士。

宋神宗赵顼（xū）即位后，多方征求治国方略。王安石提出的一整套激进大胆的变革方案很符合宋神宗的思想，于是在1069年王安石主持变法。在指导思想上王安石主张开源，司马光主张节流。二人虽是好朋友，但政见不同，司马光只好辞职去洛阳主持编纂中国第一部编年体通史《资治通鉴》，时间长达15年。

直至宋哲宗赵煦继位，因为年幼，由祖母皇太后当政。皇太后向司马光询问治国的方法，司马光当时已经67岁了，本想辞谢，但在周围亲友的支持下还是到任就职了，老百姓都额手称庆。司马光呼吁对贫苦农民不能再加重负担，主张新法必须废除，要对农民施以仁政。他逝世后，老百姓都画他的像来祭祀他。

[mì ér bù xuān]

秘 而 不 宣

守住秘密，不肯宣布。

你知道吗？

　　这个成语经常被误写成"密而不宣"或"秘而不喧"，其实细心辨别"秘—密""宣—喧"两组字就一目了然了。"秘"指隐秘、不公开，不让人知道，如没有对外公开的方法叫"秘诀"；"密"指空隙小，与"稀""疏"相对，如表示树多则用"密林"。"宣"指公开，如公开说明叫"宣布"；"喧"指大声说话，声音杂乱，如很吵闹就用"喧闹"。"秘而不宣"这个词下次一定不会再写错了吧！

举个例子

　　密为肃陈三策；肃敬受之；秘而不宣。

〔西晋〕陈寿《三国志·吕蒙传》

吕蒙献计

吕蒙是三国时期吴国的大将，不仅英勇善战，而且胸怀智谋，连周瑜对他也十分敬重。

有一年，鲁肃代替周瑜管理国家大事，要去陆口，中途经过吕蒙屯兵的地方。有人对鲁肃说："吕将军功名显著，主公都非常亲信于他，你还是应该去拜访一下他的。"鲁肃当时很轻视吕蒙，心不甘情不愿地来拜望吕蒙。

喝酒喝到高兴的时候，吕蒙问鲁肃："您现在受主公委以重任，与关羽为邻，你有什么方法能保证国家没有忧患吗？"

鲁肃随意回答道："到时候看情况再说吧！"

吕蒙说："现在吴蜀虽然是一家，但是关羽却是熊虎一样的人物，怎么可以不预先制定计策防范呢？"于是吕蒙坐到鲁肃身边，为他筹划了三种应变的计策。

鲁肃听后大惊，顿时对吕蒙肃然起敬，拍着他的背说："吕蒙呀吕蒙，没想到你现在的才干厉害到了这种地步呀！"

对于吕蒙的献计，鲁肃一直秘而不宣，但私下却一直按照吕蒙的计策去实施，果然保住了吴国安宁，他们两人也结为好友。

纫针

引线穿过针鼻儿，引申为缝制衣服。

汉字风云会
自趣的汉字王国 ⑥

你知道吗？

　　"纫"的形旁是绞丝旁，最初的本义是与丝线有关的，指搓绳捻（niǎn）线。由此引申出引线穿针、连缀的意思。"纫"的声旁是"刃"，"刃"是指事字，在"刀"字上加一点，指刀锋利的刀刃部位。

举个例子

有母同居，盖以纫针为业。

〔唐〕康骈《剧谈录·潘将军失珠》

纫针乞巧

七夕节原来叫做乞巧节，原先它并不是纪念牛郎织女爱情故事的，而是纪念织女这个人的。到了农历七月初七的晚上，女孩儿们都向心灵手巧的"七姐"——织女，乞求智慧和精巧的手艺，而只有聪慧灵巧的女孩才能得到美满幸福的姻缘。

早在汉代，就有乞巧这一习俗。东晋时的历史笔记小说集《西京杂记》就有"汉彩女常以七月七日穿七孔针于开襟楼，人俱习之"的记载。什么是穿七孔针呢？就是女孩们在月光下把五种颜色的丝线穿进针眼里。这是一种难度系数很高的技术，因为月光微弱，针孔又很细，丝线是非常难穿过的。如果有哪位姑娘能纫针成功，大家都会赞美并钦佩她的聪慧灵巧。

现如今有些地方还保留着在农历七月初七的晚上穿针乞巧的习俗。比如在七夕节前几天，女孩们会准备好一份小礼物，谁穿针引线快，谁就"得巧"，慢的称"输巧"，输巧者要将准备好的礼物送给得巧者，以此来纪念心灵手巧、善良智慧的织女，并祝愿自己早日觅得如意郎君。

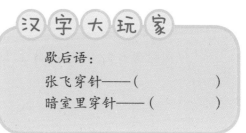

汉字大玩家

歇后语：

张飞穿针——（　　　　　）

暗室里穿针——（　　　　　）

【 shí rén yá huì 】

拾人牙慧

拾取人家的只言片语当成自己的话。

你知道吗？

你知道右边这是什么字吗？它是金文"牙"字，表示上下两颗牙齿互相对咬的样子，仔细看，是不是很形象？所以，"牙"是一个象形字，是按照事物的形状画出来的。后来，到小篆时期"牙"字的笔顺有了一些调整，就变成了，这个样子和我们现在的简体"牙"字就有几番相像了。

最后，再请你来猜一猜是一个什么字呢？其实，这是古代"牙"字的另一种写法，你猜对了吗？

举个例子

大概著书立说最怕雷同，"拾人牙慧"。

〔清〕袁枚《寄奇方伯书》

康伯拾人牙慧

　　东晋时候，有一个名叫殷浩的人。他曾经当过"中军"的官职，所以又被称为"殷中军"。

　　殷浩很有学问，他喜欢阅读《老子》《易经》，并能引经据典，谈论得头头是道。殷浩有个外甥，姓韩，名康伯，非常聪明，也善于言论，谈吐不凡。殷浩非常喜欢他，但对他的要求却十分严格。殷浩因为作战失败，被罢官流放时，康伯也随同前往。有一次，殷浩见他正在对别人发表言论，十分高兴，便驻足细听。但仔细一听却发现，康伯所讲的完全是抄袭自己的只言片语，根本没有他自己的创见，却依然露出自鸣得意的样子。殷浩很生气地说："康伯连我牙齿后面的污垢还没有得到，就自以为了不起，真不应该！"

　　后人就根据这个故事，引申出"拾人牙慧"这个成语，比喻抄袭或改头换面地套用别人说过的话或写过的文章，把别人的话当成自己的。

汉字大玩家

　　　　　　　我们一起来玩成语接龙的小游戏吧！

　　拾人_____——慧心巧思——思__想____——____继

　　____人——人__人____——____阔____空——空空如也

栽赃

把赃物或违禁物品暗放在别人处，诬告他犯法。

你知道吗？

　　"赃"是贝字旁，先秦时期以海贝充当原始货币，所以含"贝"字旁的字多与钱财有关。"赃"指贪污受贿或是偷盗所得的财物，如赃款、赃物、赃官、赃车。

　　"栽"是种植的意思，引申为"硬给安上"，比如"栽上了罪名""栽赃"。

举个例子

　　然后他们再从多少方面设法栽赃，造证据，把大赤包置之死地。

老舍《四世同堂》

巫蛊之祸

汉武帝晚年多病，就怀疑是身边亲近的人用巫蛊（wū gǔ）之术诅咒他。有一天，他在白天小睡，梦见有好几千个木头人手持棍棒袭击他，霍然惊醒，从此感到身体不舒服，精神恍惚，记忆力大减。

江充是汉武帝身边的宠臣，他与太子刘据素有嫌隙，害怕武帝去世后被太子诛杀，所以他一心想栽赃陷害太子。他指使巫师声称宫中有蛊气，不将这蛊气除去，皇上的病就一直不会好。于是，汉武帝派江充入宫中找蛊。

江充搜查到太子东宫，对刘据说："有人告密，您这儿有不可告人的东西。我奉皇上之命，特来查探。"江充在东宫挖出了桐木人偶以及帛书一卷。帛书上面写着谁也看不明白的文字，但江充一看就说："是诅咒皇上早死的咒语，应立即禀报陛下！"

刘据无奈之下起兵反抗，逮捕了江充，并亲自监杀江充，骂道："你这赵国的狗奴才，竟然栽赃陷害我，扰害我们父子！"又将江充手下的巫师烧死在上林苑中。

武帝闻讯大怒，下令捉拿太子，卫皇后和太子刘据因此先后自杀。

大臣们上书替太子鸣冤，醒悟过来的武帝追悔莫及，诛杀江充三族，并修建了"思子宫"，还在太子自杀的地方建了一座"归来望思台"，表达自己的哀思。

[bì yì]

裨益

益处；使受益。

14

你知道吗？

"裨"是衣字旁，因为它最初的意思是与衣服有关的，指衣服窄小，需要另外加上布料接补，从增补之义引申出增益、有益处的含义。

"益"是会意字，甲骨文字形像器皿中有水，水满向外溢出，引申出"丰饶富足、多、增加、增益"和"利益、好处"等含义。

商　《说文》小篆　汉　楷书

举个例子

植树造林是裨益当代、造福子孙的大事。

佚名

陶母戒子

东晋时期，有一位赫赫有名的大将军，名叫陶侃。他不仅平定了国内外的各种战乱，稳定了东晋政权，还精勤于吏职，在他治理下的荆州，人民安居乐业，路不拾遗。

陶侃出身寒门，最初只担任县里的一个小官差的职务。同郡有一位贤达之士名叫范逵，陶侃与他结成了好朋友。有一年冬天，范逵因为有事要去洛阳，途中经过陶侃家，恰巧天色已晚，他想在陶家住下。可是当时，陶侃家徒四壁，仓促间无以待客。正当他发愁时，陶侃的母亲安慰他说："你只管到外面留下客人，其他的我来想办法。"陶母一把剪下拖到地上的长发，托邻人拿到集市上卖掉，换了一些酒菜，连范逵随从的仆人也得到款待。

陶侃年轻的时候曾做过管理渔业的小官。有一次，鱼汛到来，陶侃指挥渔民连夜捕捞，捕获了很多鱼。陶侃想起自己贫困的母亲，于是派人送了一罐腌鱼回家。母亲不仅把陶罐原封不动地退了回来，还附了一封信责备陶侃："你用公家的东西来侍奉我，这不但对我毫无裨益，反而增加了我的忧虑。希望你从这件事中吸取教训，以后一定要廉洁奉公，再也不要做这样的事了。"

可见，陶侃最后能取得这样的成就，得益于母亲的训诫。

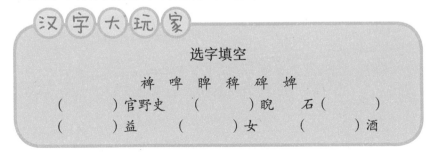

汉字大玩家

选字填空

裨 啤 睥 稗 碑 婢

（　　）官野史　　（　　）睨　　石（　　）

（　　）益　　　（　　）女　　（　　）酒

[bī zè]

逼仄

（地方）狭窄。

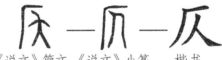

你知道吗？

"仄"的古文字形 ，就像一个人侧着身子歪着头（）小心经过山崖间的石壁窄道（厂），所以"仄"的意思是狭窄、倾斜。

"逼"的本义是"近"，引申出逼迫、狭窄之义。"逼仄"是由意思相近的两个字构成的词，这样的词叫作"同义复词"。

"仄"字的演变过程：

仄 — 仄 — 仄

《说文》籀文　《说文》小篆　　楷书

举个例子

过去，因为年久失修，湖里长满了水草，很荒秽逼仄了。

黄裳《金陵五记·白下书简·重过鸡鸣寺》

汴京大改造

后周时期，柴荣即位，成为了周世宗。他励精图治，爱国爱民。

柴荣刚刚即位的时候，汴京（位于今天的河南省开封市）的大部分道路十分逼仄，拥挤不堪，皇帝的车辇都过不去，道路改造势在必行。为此汴京的旧城改造工程轰轰烈烈地开始了，但拆迁工作遇到了困难，百姓们不理解也不配合，给朝廷造成了极大的压力，甚至有官员因为拆迁不力而丢了性命。于是柴荣发布了一份拆迁宣传单，晓之以理，动之以情，他还对身边的人说："旧城进行大改造，是迟早的事情，改造好之后，得益的是我们的后人。"

后来，柴荣宣布要在旧城外面选一块地，筑建新城，面积是旧城的四倍，并对道路的宽度和绿化提出了要求。除了各类公共建筑所占用的土地外，百姓们可以在剩下来的土地上选址建造自己的新房子。如此周全的安排，得到了百姓的支持和爱戴。在柴荣的带领下，汴京的建筑更宏伟了，道路更宽阔了，一派生机。

【 biě zuǐ 】

瘪嘴

缺了牙齿而显得凹入的嘴。

18

你知道吗？

　　"瘪"有两种读音，当它读 biě 时，意思是物体表面凹下去、不饱满，比如"干瘪""乒乓球被压瘪了"。还可以从而引申出"把人看轻，估计过低"之意，比如说："看你说的，真把我看瘪了。"当它读 biē 时，通常用于"瘪三"这个词，这是一个方言词，上海人称城市中无正当职业而以乞讨或偷窃为生的游民为瘪三。

　　她颤巍巍摇着头，干巴巴的瘪嘴激动得一抽一抽的。

曹禺《北京人》

义虎祠

赵城有一个老妇人，膝下只有一个儿子，但不幸的是，儿子有一天去山里，被老虎吃掉了。老妇人悲痛欲绝，她大哭着去找县官主持公道。县官哭笑不得地跟她说："国家现在还没有一部法律可以禁止老虎吃人呢！怎么管老虎的事呢？"老妇人听到这些话，还是瘪着嘴悲哭不止。县官怜悯她年老丧子，于是答应为她主持公道，下令去捕捉老虎。

捉了一个多月，还是没能捉到老虎。领事的官差走投无路，只好去东郭岳庙拜神，跪在地下求神显灵。过了不久，有一只老虎走进庙里，蹲在门中。官差就问老虎："如果是你吃了老妇人的儿子，你便不要动，让我绑住你。"老虎果真不动，官差便拿出绳索绑住老虎的脖子，带到衙门交差了。

到了衙门，县官审问老虎说："自古以来，杀人都是要判死罪的。并且那个老妇人只有一个儿子，被你杀了，她已经那么老了，靠谁来养老送终呢？如果你可以当她的儿子，帮她养老送终，我可以考虑赦免你的罪。"老虎听到这番话，又点了点头。于是县官便下令解开绳索，放老虎离去。从此以后，老虎每天都会在老妇人家门口放一只死去的动物，有时还把金银、布帛掷到老妇人的庭院中。老妇人把动物的皮和肉卖了，从此生活过得很好。老妇人也很感激老虎的恩德。过了几年，老妇人死了，老虎在灵堂中大吼，很像人痛哭的样子。看到这种情形，人们就用老妇人剩余的钱财为她安葬，还在城东建了一个叫"义虎祠"的祠堂。

采摘，采集。

你知道吗？

"采"是会意字，在商代时写做 ，上面是一只手，下面是一棵有果实的树，表示用手采摘树上的果实。到了西周时期，下边只写"木"，省略了树上的果实，写成 。

"采"字的演变过程：

商　　西周　《说文》小篆　汉　　楷书

举个例子

红豆生南国，春来发几枝。愿君多采撷，此物最相思。

〔唐〕王维《相思》

21

刘义庆和《世说新语》

《世说新语》是魏晋南北朝时期笔记体小说的代表作。它记载了自汉魏到东晋的逸闻轶事，魏晋两朝主要的人物，无论帝王、将相，或者隐士、僧侣，都包括在内，涉及各类人物共1500多个。它是由南朝宋武帝的侄子刘义庆组织文人，采撷片段，编撰而成。

刘义庆爱好文学，广招各地的文学之士，聚于门下，谈古论今。在他38岁那年，他开始组织门下文人编撰《世说新语》。在长达三年的时间里，他们阅读了无数书籍，从众多的书籍中采撷精彩的片段，加以编辑润色。这些片段有长有短，来自《史记》《汉书》等前人的记载。他们也收集民间传说，将魏晋时期豪门贵族和官僚士大夫的言行和故事一一收录。就这样，他们采撷了一千多则内容丰富的逸闻轶事，编撰了《世说新语》。

《世说新语》语言简练，文字鲜活，反映了当时文人的思想言行和士族阶层的生活方式、精神面貌等，对后世笔记小说的发展有着深远的影响。书中不少故事，或成为后世戏曲、小说的素材，或成为后世诗文常用的典故，在中国文学史上具有重要的地位。

呱呱坠地

婴儿刚出生，或新事物问世。

你知道吗？

"呱"的意思是小孩的哭声。

在人的一生中，从我们呱呱坠地到寿终正寝要经历几个阶段。孔子说："十五志于学，三十而立，四十不惑，五十知天命，六十耳顺，七十随心所欲不逾矩。"孔子告诉我们：十五岁的时候要决定学习的方向，三十岁的时候要确定一生的原则，四十岁的时候要对人生的目标不再动摇，五十岁的时候要明白命运是自己造就的，六十岁的时候要广泛听取多种意见，这样到七十岁的时候可以按照自己的心意去做，但绝不会做出逾越规矩的事情。

举个例子

一丈青大娘一听见孙子呱呱落地的啼声，喜泪如雨，又烧香又上供，又拜佛又许愿。

刘绍棠《蒲柳人家》

后稷出世

　　周族是生活在中国西北部的一个古老部族。周族的祖先是后稷（jì），后稷的母亲叫姜嫄（yuán）。

　　传说姜嫄有一次到野外祭祀，向神求子。回来的路上，她看到一个巨大的脚印。姜嫄把脚放进巨大脚印的大拇指中，忽然身心震动有感，回家后她就怀孕了。不久，后稷便呱呱坠地。可是旁人觉得这个孩子来历不明，认为他不祥，于是决定抛弃他。第一次将婴儿丢弃在狭窄的巷子中，牛羊经过那里，不践踏他，反而给他喂奶。第二次将婴儿丢弃到树林中，可是来了砍伐树木的人，把他救了回来。第三次将婴儿丢弃在寒冷的冰上，没想到大鸟飞来，用翅膀盖住婴儿为他驱寒。大鸟飞走的时候，后稷哇哇大哭起来，哭的声音又长又洪亮，惊走了林中的鸟儿，惊醒了熟睡的人们。姜嫄认为这个孩子是神明庇佑的，就把他抱回来抚养长大。

　　这个孩子果然了不得，长大后教人们种植庄稼，开荒种田，使部落的人结束了流动不定的游牧生活。后人尊他为"农神"。

汉字大玩家

描述一个人从小到大到老的成语有哪些？

呱呱落地　　咿呀学语　　乳臭未干

_____　　_____　　_____

嚆矢

带响声的箭，借指事物的开端或先行者。

你知道吗？

　　"矢"字最早是这样写的：，描摹的是箭的形象，箭头、箭杆、箭羽清晰可辨，可见"矢"本义就是箭。持有了"箭"不须近身便可起到刺杀敌人的效果，因而在古代交战中经常被使用到。在古代，箭按功能可分为多种：兵箭、连珠箭、响箭……响箭古称"嚆矢"，箭杆上绑有竹哨，发射时会发出响声，用于传递信号。因响声先于箭到达，故"嚆矢"一词也用于比喻事物的开端。

举个例子

　　而这次成功的演出，也就成了后来中国话剧运动的嚆矢。

柯灵《香雪海·水流千里归大海》

"箭矢"知多少

早在石器时代，箭就作为人们狩猎的工具。最初的箭大概就是一根削尖了的树枝或竹子，样式非常简单。后来古人将尖形的石块或骨块作为箭镞（zú，即箭头），安在木杆的顶部，这样就成为带有石镞、骨镞的箭了。

箭在使用的过程中，制作技术也不断改进。为了使箭在飞行时减少空气的影响，使飞行方向更稳定，古人在箭杆的尾部装上羽毛，这也使箭的样式更趋于完善。

青铜冶炼产生后，箭镞又改用青铜制成。从郑州商代遗址和殷墟出土的大批铜镞来看，商代时期的箭在制作技术上已有较高的水平了。进入铁器时代后，箭镞主要由铁铸而成，箭的杀伤力就更大了。

箭是冷兵器时代的主要武器，被称为冷兵器时代的子弹。在古代战争中，常有"万箭齐发，矢如雨下"的情形，可见箭的消耗量极大，制造大批量的箭所费人力、物力可想而知。《三国演义》中，周瑜要求诸葛亮三天内制造出十万支箭，想借此为难诸葛亮。诸葛亮料事如神，巧用"草船借箭"之计从容应对，给民间留下了一段脍炙人口的佳话。

汉字大玩家

"左右开弓""射石饮羽""剑拔弩张""一箭双雕"这几个成语都与箭相关，描绘了开弓拉箭的情形。下面的这四个古字分别是上述四个成语中的一个字，你能一一识别出来吗？

[hú zi lā chā]

胡子拉碴

形容满脸胡子，未加修饰。

你知道吗？

"碴"字有三种读音。读 chá，意思是碎屑，如"冰碴""玻璃碴"；还可以用作动词，指皮肉被碎片划破，如"碎玻璃碴了手"。当它读 chā，指的是剃后残余或复生的毛发，如"他一脸的络腮胡子碴"。"碴"还可以读作 zhǎ 哦，比如"道碴"这个词意思是铺在铁路路基上的石子儿。

举个例子

对着镜子看了看，他不认得镜中的人了：满脸胡子拉碴，太阳与腮都瘪进去，眼是两个深坑，那块疤上有好多皱纹。

老舍《骆驼祥子》

李逵大闹忠义堂

李逵，身材高大，皮肤黝黑，胡子拉碴。他为人仗义耿直，莽撞性急，外号"黑旋风"。

有一次，山寨粮草短缺，李逵主动请命下山采购。路上，李逵途经一个小酒庄，恰好是老朋友王林开的，王林的女儿满堂娇为李逵倒酒，李逵一饮而尽。可是酒刚下肚，李逵想起宋江的嘱咐，连忙放下酒杯，匆匆离开。不久，曹庄庄主曹登龙派人冒充宋江和柴进，强行把满堂娇抢走了。李逵办完事，重新回到小酒庄，以为是宋江派人抢去了满堂娇，顿时暴跳如雷，怒气冲冲地杀回山寨，操起板斧直奔忠义堂，把"替天行道"这面大旗砍了下来。他怒睁双眼，指着宋江骂道："好你个宋江，我一直拿你当好人，没想到你竟背着弟兄们下山强抢民女，我今天非劈死你不可！"说着抢起板斧朝宋江劈去。大家急忙把他拦住。

后来宋江去王林的小酒庄查明真相，李逵才知道是个误会。临走时，宋江命令燕青将李逵押回山寨听候发落。

汉字大玩家

文学作品里有不少胡子拉碴的人物形象呢，比如《水浒传》里的李逵和鲁智深，《三国演义》里的张飞，《隋唐演义》里的程咬金……你发现他们共同的性格特点了吗？

芥蒂

微小的梗塞物，比喻积在心中的怨恨、不满或不快。

你知道吗？

　　"芥"的本义是指芥菜，也可指小草，比喻轻微纤细的事物，比如"草芥"一词。"蒂"指的是果实与茎或枝相连接的那部分，俗称"把儿"。相对于果实的整体，把儿是很小的一个部分。"蒂"用在"芥蒂"这个词里，形象地展现了因为心里有一点儿不愉快的感觉阻塞着，导致了两个人无法畅然沟通。

　　对于发表信札（zhá）的事，我于兄也毫无芥蒂。

鲁迅《书信集·致李秉中》

为何没有"洪武之治"

　　朱元璋是中国历史上著名的反腐皇帝。他积极倡导为政清廉，惩治贪污腐败，可为什么他在位期间却没有出现能与西汉初年的"文景之治"、唐代初年的"贞观之治"可比的"洪武之治"呢？

　　我们先来看看朱元璋是怎样对待那些跟着自己打天下的文臣宿将的。

　　天下平定后，跟着朱元璋打天下的兄弟自然都是爵高位显，但朱元璋害怕这些人功高震主，于是找借口杀害了这些功臣。他还设立了特务机构锦衣卫，用于监视大臣们的一举一动。国子祭酒宋讷有一天表现出闷闷不乐的样子，锦衣卫就透过门缝暗中监视他，并偷偷画下他闷闷不乐的画像。次日，朱元璋问宋讷为什么生气，宋讷问皇帝是怎么知道的，朱元璋拿出了画像，宋讷大惊失色。弘文馆学士罗复仁老实木讷，可因为他原来是陈友谅的部下，朱元璋心存芥蒂，竟然亲自到他家查看。见他家一贫如洗，才放下心来，夸奖他恪守官箴，并命人给他换了一套大房子。

　　如此看来，朱元璋是一个只能共患难，不能同安乐的人。也许，他的刻薄残忍和心胸狭窄是历史上没有出现"洪武之治"的根本原因。

[jiǎo xiá]

狡猾、狡诈。

你知道吗？

　　《山海经》中是这么描述"狡"的：相传玉山中有一种野兽，形体与普通的狗差不多，但它却长着豹子的斑纹，头上的角与牛角相似，发出的声音如同狗叫。狡在哪个国家出现就会使哪个国家五谷丰登。"狡"本来指年轻力壮的狗，它有着巨大的嘴巴，全身黑色，十分凶猛。

举 个 例 子

　　他原来是大丰银行一个小职员，凭着狡黠和逢迎的本领现在升为潘月亭的秘书。

曹禺《日出》

狡黠的老鼠

苏轼夜里坐着休息，听到床底下有只老鼠在咬东西。苏轼一拍床板，咬东西的声音就停止了，但不一会咬东西的声音又响起来。苏轼让书童拿蜡烛照床底下，发现床下有一个空口袋，老鼠咬东西的声音就是从里面发出来的。"原来是老鼠被困在口袋里出不来啊！"书童打开口袋一看，发现是一只死老鼠。

书童吃惊地说："刚才还在咬东西发出声音，怎么突然死了？难道我们听到的声音是鬼发出来的吗？"说完书童就翻过口袋倒出老鼠，没曾想老鼠一落地就窜走了，速度之快就是身手再敏捷的人也措手不及。

苏轼感叹道："之前老鼠被困在口袋里，因为袋子很坚固，它不能咬破，所以它就假装咬袋子发出声音想把人引来。等人来了，老鼠又装死，凭着装死的外表最终逃脱。聪慧的人被一只老鼠欺骗，陷入了老鼠的计谋中。这真是一只狡黠的老鼠啊！"

汉字大玩家

"狡黠"是贬义词，但它与其他词语配合，在一定的语境中，也可以变贬为褒。汉字的魔力可真大啊！

陈静一愣："是你？""是我"，年轻人笑了，"我说有人嘛，还骗您。"他狡黠地眨了眨细长的眼睛。（吴金良《醉人的春夜》）

[jì yú]

觊觎

希望得到（不应该得到的东西）。

你知道吗？

"觊觎"这两个字都是形声字，形旁都是"见"。"见"是象形字，甲骨文"见"字，就像一个人跪坐着，最上面突出眼睛的样子。

"见"字的演变过程：

商　　《说文》小篆　楷书　　楷书

举个例子

中国者，中国人之中国。可容外族之研究，不容外族之探捡；可容外族之赞叹，不容外族之觊觎者也。

鲁迅《集外集拾遗补编·中国地质略论》

32

觊觎不义之财，最终落得人财两空

从前有个叫杨元的人，家境贫苦，父母早逝，后来娶了仇氏女子为妻，开了一家银铜兑换店。

有一年，他载着十箱银子去邻城的钱庄兑换一百箱铜钱。钱庄伙计方坤错把其中的十箱银子当成铜钱兑换给他。杨元到家打开箱子一看，顿时喜上眉梢，急忙叫来妻子仇氏，一起动手取出银子，装进铜钱，再把箱子原封不动地钉上封钉。

方坤发觉错发了十箱银子给杨元，赶到杨元家里。杨元佯装大惊失色，并请方坤一起去查看箱子，结果一直查到最后一箱，也没见到银子。方坤万般无奈，在坐船回城的途中投江自尽了。

杨元因为得到意外之财，数年间就成了城里有名的富豪。正当他事事如意时，他的独子突然暴病而亡，孙子杨钱因为调戏女子，踢死鸨母，被关进监牢。杨元花光家里的积蓄，救了孙子一命。可笑的是，五年后，杨钱却在出狱的途中因路途颠簸，气绝身亡。

杨元回想这些年的劳碌奔波，最终连杨家唯一的子嗣也失去了，忽然就一头栽倒在地上，没了气息。

编者注：

银铜兑换店：从远方来城里经商的人，身边大多携带银子，进城后为了方便，须将银子换成铜钱，而离开时又为了携带方便又将铜钱兑换成银子，银铜兑换店就是从这种银铜交易中赚取差价。

[liào dǎo]

摔倒，打倒，放倒。

你知道吗？

　　"摷"有三层意思，第一个是放、搁，如"顺手把戒指摷在自己的衣兜里"；第二个是推倒，如"摷倒"；第三个是丢、抛弃，如"摷挑（tiāo）子"（撒手不管的意思）。

　　"摷倒"解释为推倒的意思时，常用于日常口语。它有两个层面的解释：第一个层面指身体上的推倒，比如摔跤；第二个层面指精神上的推倒，常指打击，例如：你被生活摷倒了吗？

举个例子

　　就势儿用右手轻轻的一摷，把那块石头就摷倒了。

〔清〕文康《儿女英雄传》

假如生活撂倒了你

一个人的人生路上常常会遇上被撂倒的时刻。有这样一个人，他在 4 岁的时候，便挨了命运的闷头一棒，医生诊断他患有先天性白内障。做完手术后，他终于获得了一点微弱的视力，但是太细小的东西仍是看不清。

他家中并不富裕，父母做水泥工养活三个孩子，15 岁时，命运再次同他开了一个玩笑，由于用眼过度他的眼睛完全失明了。如果说，上一次命运挥的是桦木棒，而这一次就是荆棘棍，在青春蓬勃的花季，他彻底被生活撂倒在地。

他无助、封闭，只有一种更为强大的力量才能支撑他重新站起来。幸好，他遇到了音乐。音乐之路对于一个盲人而言，困难有多大是可想而知的，可就是音乐创作、唱歌，给了他温暖的寄托和挺过难关的力量。

2002 年，26 岁的他凭借着不懈努力，推出首张专辑《你是我的眼》。他想告诉全世界，他用音乐的力量看见了。他就是台湾新生代实力唱将萧煌奇。

面对生命中的巨大挫折，萧煌奇没有消沉，他选择坚强地面对，用音乐向人们诉说着感人的故事。在黑夜与灵魂对话的歌者萧煌奇的故事告诉我们：不能打败你的，就会让你变得更强大。

袅娜

形容草木柔软细长，也指女子姿态优美。

你知道吗？

　　"袅"的含义是细长柔弱、缠绕、摇曳，如"炊烟袅袅"一词，意思是指古时人们做饭时徐徐轻烟回旋上升、随风而逝的景象。"袅"还可以用来形容声音婉转悠扬，如宋代苏轼《前赤壁赋》："其声呜呜然，如怨如慕，如泣如诉；余音袅袅，不绝如缕。""袅娜"和"婀娜"这两个词都可以用来形容女子体态柔美，区别在于"袅娜"更有一种细长轻盈的味道。

举个例子

　　层层的叶子中间，零星地点缀着些白花，有袅娜地开着的，有羞涩地打着朵儿的；正如一粒粒的明珠，又如碧天里的星星，又如刚出浴的美人。

朱自清《荷塘月色》

37

嫦娥奔月

相传在远古时代，有一年天上出现了十个太阳，百姓们苦不堪言。一名叫后羿的神射手，一口气射下九个太阳，拯救了老百姓，立下盖世神功。他出神入化的箭法也远近闻名，很多人都慕名而来拜他为师。奸诈刁钻、心术不正的逢蒙也混了进来，跟着后羿学艺。

西王母送给后羿一丸仙药。据说，吃了这仙药就可以上天成仙。可是，这不老药只有一颗，后羿不愿意离开妻子嫦娥，便将仙药交给嫦娥藏于百宝匣里。不料，这件事情被逢蒙知道了，逢蒙动起了坏心思。

几天后，趁后羿不在家，逢蒙手持刀剑闯进后羿家中，逼迫嫦娥交出不老仙药。嫦娥不愿不老药落入逢蒙这样的坏人手中。危急时刻，她假装给逢蒙取药，迅速打开百宝匣，拿出仙药一口吞了下去。

嫦娥吞下仙丹，突然飘飘悠悠地向天上飞去。后羿得知此事后既惊又怒，抽剑去杀恶徒，可逢蒙早逃走了。后羿奔出家门仰望天空，只见皓月当空，月宫里一个袅娜的身影俯视着人间，正是自己的妻子嫦娥深情地凝望着自己。

乡亲们很想念好心的嫦娥，在院子里摆上嫦娥平日爱吃的食品，遥遥地为她祝福。从此以后，每年八月十五，就成了人们企盼团圆的中秋佳节。

美（好）的程度差不多；比美。

你知道吗？

　　"美"是会意字，它的甲骨文 ，上半部分表示羊角或羽毛做的装饰品，下半部分是一个正面站立的人。一个人头戴装饰，很好看，这就是古人对美最初的认识。"美"字的演变过程：

商　　《说文》小篆　　楷书

举个例子

　　我觉得，每个人都可以跟传说中的神话人物大禹媲美。

杨朔《黄河之水天上来》

棋逢对手

　　清朝的时候，范西屏和施襄夏是称霸棋坛的两位著名棋手。他俩棋力相当，难分上下，且年龄相仿，又为海宁同乡人，被称为"施范"。

　　有一次，范西屏与施襄夏对局。范西屏下得轻松自若，对局紧张之时，投下一子，竟然睡觉去了。原来，施襄夏下棋时喜欢沉思，下子较慢，范西屏早摸到了他的脾气，料想施襄夏不会轻易落子，一定又会慎重地思考，因此自己乐得先睡一小觉。当时观棋的人众多，都以为范西屏会"大意失荆州"。而当时的棋局，范西屏为难之处很多，所以大家都说施襄夏必胜无疑。过了好一会儿，范西屏一觉醒来，施襄夏才落下一子，使对方的局势更加危急。而范西屏走起棋来随心所欲，几着棋之后，作了一个劫，最后竟以一子半险胜施襄夏，观棋者没有不点头惊叹的。

　　后来，范西屏在上海与胡兆麟下棋。胡兆麟棋力很强，棋风泼辣，大刀阔斧，人称"胡铁头"。但他有一个弱点，就是后劲不足。范西屏掌握了他这一特点，果然这局棋刚下到一半，胡兆麟就感到力不从心。在窘迫、无奈之中，胡兆麟突然想起能与范西屏媲美的只有施襄夏，于是他谎称有病要去吃药，暂时离开了一会儿，直奔施襄夏住处求救。施襄夏研究了他摆出的棋势，教他另辟新路。"胡铁头"高兴地急忙返回，按照施襄夏的思路来下，果然渡过难关，形势转好。范西屏眼看对方一着紧似一着，猛然醒悟，指着棋盘，放声大笑："襄夏人还没来，棋却先到了！"最终，这盘棋范西屏以二子告负。

【 pó suō 】

婆娑

盘旋和舞动的样子，也形容枝叶高低疏密有致的样子
或眼泪下滴的样子。

你知道吗？

"娑"是形声字，形旁是"女"，本义是舞蹈。在古代，舞者多
为体态轻盈、舞姿优美的女性。有一个容易相混淆的词要注意哦："娑
婆世界"，是佛教用语，是释迦牟尼所教化的三千大千世界的总称，
这里的"娑婆"是梵语的音译。

 举个例子

它没有婆娑的姿态，没有屈曲盘旋的虬枝，也许你要说
它不美丽……

茅盾《白杨礼赞》

41

孔雀东南飞

　　古时候有一对夫妻，妻子刘兰芝，善良贤惠，丈夫焦仲卿是庐江郡的一个小官吏。夫妻两人感情深挚，十分恩爱。可是，焦母却不喜欢刘兰芝这个儿媳妇，百般刁难，并且逼迫焦仲卿休了兰芝。焦仲卿向母亲求情。不料，焦母说刘兰芝不尽孝，不懂礼，非让焦仲卿把她赶回娘家不可。还说邻村有一个名叫秦罗敷的好女子，生得非常漂亮，焦仲卿休了兰芝，即日便可前去提亲。焦仲卿劝不动母亲，迫于无奈，便让刘兰芝先暂时回娘家住一阵子，等过段时间再设法接她回来。兰芝明白，孝顺的焦仲卿不会做违拗母亲的事情，这一去怕是难续前缘。但是，为了不让丈夫为难，她还是同意了这个办法。次日拂晓，兰芝就起床打扮，妆扮完毕，上堂拜别婆婆。焦仲卿赶着车，一路送兰芝回家。分别时，两人泪眼婆娑，双双盟誓，永不相负。

　　兰芝回到家中后不久，她的哥哥贪图荣华富贵，逼迫她嫁给县令的儿子。焦仲卿听闻刘兰芝再嫁的消息匆匆赶来。两人相见，悲从中来，抱头痛哭，约定黄泉下相见。出嫁当天，兰芝投入清池自尽。仲卿听到这个消息，在庭树下徘徊了一些时候，也吊死在靠东南的树枝上。

嘴里或眼里含着。

你知道吗？

"噙"是形声字，"口"是形旁，"禽"是声旁。让我们来认识一下"禽"这个字吧。"禽"是象形字，它的甲骨文 ，像一个长柄有网的狩猎工具，本义为捕兽网。由捕兽之义引申出猎物的含义，再从猎物之义引申为飞禽走兽的总名。

商　　西周　　《说文》小篆　楷书

举个例子

母亲抱住了琼华，噙着眼泪，低声唤。

茅盾《一个女性》

善良的麻姑

　　古时候，有一位北方少数民族姑娘叫麻姑。她从小学得一手好针线活，那些大户人家争着抢着请她去给他们缝制衣服。

　　一天，麻姑的针线活又受到主人的称赞，主人还赏她一个大桃子。麻姑在回家的路上看见前面围着一圈人，就挤了进去，只见一位身着粗布衣衫的阿婆躺倒在地上。围观的人都说老婆婆是饿的，如果能吃点东西，也许会好起来。麻姑毫不犹豫地从怀里拿出桃子，蹲着喂给阿婆吃。老婆婆吃了一点儿桃子缓过劲来，说："孩子，能不能给我喝点粥汤？"

　　麻姑回到家马上生火煮粥，没料到父亲知道了这件事，他把麻姑关进了后屋，不允许她出门。

　　夜里，麻姑梦见阿婆朝自己走来，抚摸着自己的头，说要离开。麻姑噙着眼泪，把头埋在老婆婆的怀里难过地哭了。

　　第二天，麻姑又来到遇见阿婆的地方，但阿婆已经不见了。麻姑在阿婆躺过的地方捡到一颗桃核，她就把桃核种在院子里。过了几年桃核长成了一棵桃树，树上长满了桃子。老年人吃了延年益寿，孩子吃了身体强健，远近的人们见麻姑这样善良能干，都说她是天仙下凡。

荣膺

光荣地接受或承当。

你知道吗？

　　"膺"字本义是胸，引申为承受、承当，在"荣膺"一词里用的是引申义。清代段玉裁《说文解字注》："凡当事以膺，任事以肩。""膺"甲骨文写做 ，在"鸟"（隹）的胸脯位置加一点或一圆弧符号表示胸的含义。到周代加一个形符"人"，成为一个形声字。到小篆时期又加了一个形符"肉"（月），以及声符"广"，最终定型为"膺"。

$$\text{（商）} — \text{（商）} — \text{（西周）} — \text{（《说文》小篆）} — \text{膺（楷书）}$$

商　　　商　　　西周　《说文》小篆　楷书

举个例子

　　假如要设立一个自我宣传部，这位乡村教师有充分的资格荣膺部长。

郭沫若《洪波曲》第十章

抗英民族英雄——裕谦

清代有位杰出的爱国将领叫裕谦。他先后做过湖北荆州知府、江苏巡抚，还和钦差大臣林则徐一起禁烟。他还是一名抗英民族英雄。

1840 年 5 月，鸦片战争爆发。6 月，英军强占定海，直接威胁江浙一带。裕谦荣膺两江总督，镇守江浙沿海一带，和英军作战。当时有位粤省将军对裕谦说："听闻大人被皇上任命为两江总督。可见皇上是知人善任的，正好可以让您这样有鸿鹄之志的人去施展才能，施行教化。"

在保卫定海期间，裕谦常亲临驻军，按营查验，与士卒同甘苦共进退，治军号令严明。但是，由于他对敌军形势估计失误，导致定海失守。1841 年 8 月 26 日凌晨，英国侵略者兵分两路，同时进攻金鸡山和招宝山。裕谦临危不惧，同英军奋勇作战，无奈全军覆没。裕谦看到败局难以挽回，悲愤填膺，向西北方朝廷所在的方向叩头谢罪后，跳入沉泮（pàn）池，以身殉国。

商榷

商讨，斟酌。

你知道吗？

"榷"是形声字，形旁是"木"，表示它的造字本义是与木头有关的，是"独木桥"的意思。《说文解字》："榷，水上横木所以渡者也。"引申出独取其利，专利、专卖之义。如"榷茶"指官府对茶叶实行征税、管制、专卖的措施。此外，"榷"还有商讨的意思，比如"商榷"。

举个例子

他的论点还有值得商榷的地方。

佚名

商榷出三策　下策不可行

李密是隋唐时期的群雄之一。他年少的时候，有一回骑牛出门看朋友。在路上，他把《汉书》挂在牛角上，抓紧时间读书。正好宰相杨素坐着马车从后面赶上来，看到前面有个少年在牛背上读书，暗暗奇怪。杨素跟李密亲切地谈了一会儿话，觉得这个少年很有抱负。回家以后，杨素跟他儿子杨玄感说："我看李密这孩子的学识、才能，比你们几个兄弟强得多。将来你们有什么紧要的事，可以找他商量。"

后来，杨玄感准备进攻隋军，发现身边缺少一个谋士，就请了李密来商榷大事：要推翻隋炀帝，这个仗该怎么打法。

李密说："要打败隋军，有三种办法。第一，皇上现在在辽东，我们带兵北上，截断昏君退路。他前有高丽，后无退路，不出十天，军粮接济不上，我们不用打也能取胜，这是上策。第二是向西夺取长安，占据关中地区做根据地，凭险坚守，这是中策。第三是就近攻打东都洛阳，不过这可是一条下策。因为朝廷在东都还有着一部分守兵，不一定能很快攻得下来。"

杨玄感急于求成，他听完这三条计策，说："您说的下策，才是上策。现在朝臣们的家属都在洛阳，如果不攻取它，怎能影响世人？并且经过洛阳却不攻打，用什么显示威力呢？"于是就选了下策，最后兵败身亡。

[shǔn zhǐ]

吮指

吸吮手指。

汉字风云会
自趣的汉字王国 ⑥

48

你知道吗？

　　吮，是一个形声字，篆书写做，左边的口就像一个张开的嘴巴，本义是用口含吸。成语"吮痈（yōng）舐（shì）痔（zhì）"，指以口吸毒疮、以舌舔痔疮以祛其毒。语出《庄子·列御寇》："秦王有病召医，破痈溃痤者得车一乘，舐痔者得车五乘，所治愈下，得车愈多。"这个成语用来比喻不择手段地谄媚巴结。

举个例子

　　却剩下一段鱼脊骨吃不干净，只得用手拿起来吮了又吮。
　　　　　　　　　　　　　〔清〕吴趼人《二十年目睹之怪现状》

西施与檇李

49

檇（zuì）李是浙江桐乡著名的特产，果子的外观和普通的李子相似，但个头稍微大一点，色泽诱人，皮色红晕透彻，鲜润如琥珀。果子成熟之后，果肉即化为浆。檇李的吃法也极为讲究，吃的时候轻轻地用手指划破果皮，里面的浆液可以一吸而尽。檇李的果皮上有一条像是指甲掐过的爪痕，人们称为"西施指痕"。

相传，西施当年为洗刷亡国之耻，奉越王之命远嫁吴国，途中她一直忧心着自己的国家和人民，以致忧思成疾。在经过桐乡时，有一个老农听说了这件事，献上檇李请西施品尝。西施用指甲划破檇李的果皮而吮食之，顿时觉得滋润清心，疾病痊愈。自此以后，檇李果上都长出了一条西施指痕，历代文人亦对此津津乐道。清代著名学者朱彝尊有诗云："听说西施曾一掐，至今颗颗抓痕添。"千百年来，美人名果，传为佳话。

拖沓

做事拖拉，不爽利。

你知道吗？

　　"沓"是会意字，甲骨文写做，上面表示水不停地流淌，下面是口，表示说话，所以"沓"的造字本义是话语多。到小篆时期写做，将甲骨文的"口"（）写成"曰"（），强调"说话"的含义。由话多引申为重叠、繁杂之义，如"纷至沓来"，再引申出懈怠不振之义，如"拖沓""疲沓"。

　　"沓"字的演变过程：

 — — 沓

商　《说文》小篆　楷书

举个例子

　　如果在应该简略的地方不加简略，力量平均使用，繁冗拖沓，那种感人的力量也一定会大打折扣。

　　　　秦牧《艺海拾贝·辩证规律在艺术创造上的运用》

汉字故事会

明神宗倦政

明朝中后期，10 岁的万历皇帝明神宗朱翊（yì）钧继承大统，开始了长达 48 年的统治。在宰相和皇太后的辅佐下，早期的万历皇帝还是一位勤政爱民的好皇帝。但是好景不长，等到他亲政之后，他就开始敷衍拖拉，过上了骄奢淫逸的生活。

平时，神宗喜欢喝酒，喝到"每夕必饮，每饮必醉"的地步。他还宠爱万贵妃，经常不上朝，批阅奏折也是十分拖沓，能不批就不批。对于官员的任命也是一样，能空着就空着。在他的影响下，很多官员也失去了做事的积极性，变得和他一样耽于享乐。由于许多职位空缺着，办事机构拖沓消极，老百姓常常求告无门。这就为宦官专政、欺压百姓开了方便之门，加剧了官场的腐败。

可以说，正是万历皇帝的长期倦政，形成拖沓之风，导致社会矛盾加剧，加速了明王朝走向衰败。所以，清人在修《明史》时，就发出了"明之亡，实亡于神宗"的感叹。

做事不能拖沓的古诗：
《明日歌》
明日复明日，明日何其多。我生待明日，万事成蹉跎。

[wò chuò]

龌　龊

不干净，脏，也形容人品质恶劣。在古籍里多形容人气量狭小，拘于小节。

你知道吗？

　　"龌龊"这两个字都是形声字，声旁是"齿"。我们来认识一下"齿"字吧！"齿"字在甲骨文时期，写做 ，形状就像张口露出口中的牙齿。到了战国时期，"齿"字又写做 ，变成只绘出下排牙齿，或者上面增加了一个声符"止"，渐渐地就变成我们现在所写的"齿"字了。

　　商　　战国　《说文》　《说文》　楷书　楷书
　　　　　　　　古文　　小篆

　个　例　子

　　他们里面的坏人，的确是天地间最坏的东西。背信弃义，杀人放火，横抢武夺，卑鄙龌龊，什么都干得出来。

郭沫若《郑成功》

云片糕风波

清代长篇小说《儒林外史》给我们留下了许多印象深刻的人物典型：迂腐书生范进、贪官污吏汤奉、吝啬鬼严监生，以及卑鄙龌龊的严贡生。

有一回，严贡生坐船回老家高要县，他坐在船舱里，忽然头晕眼花直作呕。他赶忙取出一包云片糕来，吃了几片，立刻好了。剩下几片云片糕，他就随手搁在船板上。那掌舵的见了嘴馋得很，就把剩下的都吃了。严贡生只装作没看见。

不多时船靠岸了，船家水手都来讨喜钱。严贡生却转身走进舱，喊着寻药："方才我吃完，分明放在船板上的。"掌舵的回禀说："是指那云片糕吧，我以为是老爷剩下不要的，就大胆吃了。""吃了？你晓得我这里头是些什么东西？""云片糕不过是些瓜仁、核桃、洋糖、面粉做成的……"

严贡生发怒道："放你的狗屁！这是我费了几百两银子合成的药！上好的人参，四川的黄连！你这奴才，说得好容易！方才这几片，不要说值几十两银子了，我将来再发了晕病，拿什么药来医？"说着就要写帖子，要送官告状。

搬行李的脚夫和船员们吓坏了，一齐逼着掌舵的磕头认错。严贡生骂完，扬长上了轿，几天的船钱一分也没给。

[xiè dú]

轻慢，不尊敬。

你知道吗？

　　"亵"是形声字，形旁是"衣"，声旁是"执"，西周时期声旁在上，形旁在下。小篆时期变为形旁在外，声旁在内。本义是指贴身穿的内衣。

　　"渎"是沟渠的意思，《史记·屈原贾生列传》："彼寻常之污渎兮，岂能容吞舟之鱼。"那污浊的小水沟，怎能容得下吞舟的大鱼？

桵
＆ ── 褻 ── 褻 ── 亵
西周　　说文　　楷书　　楷书
　　　　《小篆》

举个例子

　　一个人对自己的职业不敬，从学理方面来说，便亵渎职业之神圣。

梁启超《敬业与乐业》

《笃国策》批评捐官制度陷文字狱

在清朝，如果想做官，可以通过"捐纳"也就是买官卖官达成，而且还明码标价，如主事六品官 4620 两，郎中五品官 9600 两，知府四品官 13300 两……到后来，官位越捐越多，泛滥开来，丧失民心。但人们敢怒不敢言，唯恐陷入文字狱之灾。

贺世昌，乾隆时期的一个老秀才，他多次参加科举考试但都没考中，只得靠代写状词为生。不平事经历得多了，他便把经手的案件外加道听途说的故事拼凑起来，总结出一部《笃国策》，认为这种捐纳买官的制度阻塞了读书人考取功名的道路。

这部书刚写成，就被人举报到知县那里。知县接到举报后勃然大怒，将贺世昌抓来严刑拷打。

最后，贺世昌被定罪为"妄诋朝政，肆其悖逆"，他和他儿子要被凌迟处死，他兄弟的儿子 16 岁以上的要被处斩，16 岁以下的儿子以及妻女发配黑龙江为奴。上报朝廷后，大臣们都签字同意，到乾隆皇帝批复时改为"特宥赦之，改为处决"。不凌迟了，改为斩首，其他照旧，这已是皇帝的宽宏大量了。

自此，即便捐纳制度亵渎了官制，人们也不敢再发表意见了。

烟囱

烟筒。炉灶、锅炉上排烟的管子。

你知道吗？

　　"囱"是象形字。古文 像是原始房屋屋顶上的简易洞口，可以透光，也可以出烟。篆文 与用竹木交叉做成的简易窗户样子接近。但屋顶上的"囱"难以挡住雨、雪的侵入，聪明的人类又制造出了在墙上的窗，称为"牖（yǒu）"，这就解决了房屋的防水问题。慢慢地，"囱"字后来专门用来表示屋里冒烟的天窗，就是烟囱。

《说文》古文　　《说文》小篆　　楷书

举个例子

　　这一幅构图很稳妥，浪费的刀也几乎没有。但我觉得烟囱太多了一点，平常的工厂，恐怕没有这许多。

鲁迅《书信集·致陈烟桥》

曲突徙薪

古时候，有户人家建了一栋新房子，街坊邻里都来祝贺，大家都夸这房子造得好。主人听了十分高兴。但有一位客人却对主人说："您家的烟囱太直了，炉灶里的火很容易会飞出烟囱，而且灶边还堆着很多的柴草，这样容易引起火灾啊！我看您是不是应该在炉灶与烟囱之间加一段弯曲的通道，再把柴草搬得远一点呢？"主人听了心里很不高兴，不理他。

过了几天，这家果真发生了火灾，邻居们都赶来救火，大家齐心协力，终于把火扑灭了。主人感谢大家的帮忙，专门摆了酒席来款待帮忙救火的人，但唯独没有邀请前几天提出要他改装烟囱的那位客人。大家都很奇怪，就问主人原因。主人说："我邀请的都是出力帮忙救火的人啊，那人又没有来我家救火，我为什么要请他呢？"有一位热心的邻居就说："如果您早听了那位客人的劝告，就不会发生今天的火灾了。您感谢我们帮忙救火，难道就不应该谢谢那个提出'曲突徙（xǐ）薪'建议的人吗？"

主人听了这话，意识到了自己的错误，倍感愧疚，赶紧去请那位客人前来，并让他坐在上座。

汉字大玩家

古人写了不少与"窗"有关的诗句，你还记得哪些？我们快来比一比，看谁说得多。

何当共剪西窗烛，却话巴山夜雨时。

窗含西岭千秋雪，门泊东吴万里船。

今夜偏知春气暖，虫声新透绿窗纱。

当窗理云鬓，对镜帖花黄。

守着窗儿，独自怎生得黑。

疑窦

可疑之点。

你知道吗？

　　"疑"，甲骨文字形像一个挂着拐杖的人，站在路口左右张望，犹豫不决。到了金文时期，又在下边和右边加上止（🖐）和牛（🐂），强调这个挂着拐杖的人是因为家里的牛丢了才会四处张望，不知往哪儿走。后来，寻牛慢慢地演变为寻子（𤔔），就有了小篆的字形。别看"疑"的字形这么多变，可是它的本义可从来没变过，一直都是犹豫不行、难以决定的意思。

甲骨文 —— 金文 —— 小篆 —— 楷体

　　举个例子

　　我今天又细细的想了一天，忽然又想起一个疑窦来：他天天来诊病，所带来的原方，从来是没有抓过药的。

〔清〕吴趼人《二十年目睹之怪现状》

鸡蛋是谁吃的？

　　传说包拯三十岁当了开封府尹。当朝太师王延龄想试试包拯的才能。这天一早，包拯来访。王延龄一听，惊喜异常，一面吩咐"快请"，一面想着借此机会当面试试包拯的才智。有了！王延龄让丫鬟秋菊吃了桌上的早餐，佯装成早餐被偷吃了，请包拯帮助破案。包拯虽心生疑窦，但思索片刻说："我立即判明此案。"

　　包拯请所有人到中堂集合，连问三次，大家都像木头桩子一样，闷声不响。包拯接着说："请给我一碗清水，一个盘子。每人喝口水，漱口后把水吐到盘子里，不准把水咽下肚。"

　　头两个人都照做了，包拯瞅瞅盘子里的水，未吱声，轮到第三人，正是秋菊，她拒绝喝水漱口，包拯指着她说："嘿嘿，鸡蛋是你偷吃的。"秋菊顿时脸红到脖子梗，低头搓弄着衣角。王延龄忙问："包大人，你断定是她偷吃的，道理何在呢？"

　　包拯说："太师，刚吃过鸡蛋，一定会有蛋黄渣子塞在牙缝里，用清水漱口，再吐出来，根据吐出来的水里有无蛋黄沫子就可以判断了。她不敢喝清水漱口，不是她是谁呢？"一席话说得太师点头称是。

【 yōng dǔn 】

拥趸

指演员、运动员或运动队等的支持者。

你知道吗？

　　"拥趸"一词来源于粤语方言，意思是坚定的支持者和拥护者。在"拥趸"这个词流行之前，"趸"是一个不常用到的字。"趸"的本义是"整批"，比如说"趸卖"，意思是成批量地出售，相对的词是"零售"。"趸"在粤语方言中有特殊的用法和意义，它一般加在动词或名词的后面，表示"久于此道者"，如"监趸"，表示长期坐牢的人。这个义项是普通话中所没有的。

举个例子

　　任何事物都会有它的拥趸，而且都会为它们准备出长篇大论的拥护理由。

〔日本〕石田衣良《骨音》

苏轼的拥趸

　　苏轼是众所周知的文学巨匠，代表着宋代文学的最高成就。在当时，他也算是一个赫赫有名的"明星"，通过苏轼的拥趸的一些行为，足见苏轼在当时受欢迎的程度。

　　苏轼在杭州当通判时，刘敞、刘颁兄弟来访，三人一同乘船游西湖。游览途中，有个年近三十的女子突然驾船追了上来。这女子长得美丽动人，气度娴雅。她说自己在年轻时就仰慕苏轼了，一直见不到真人，本来以为今生都不可能见到了，没想到今天无意中遇见，想为苏轼弹奏一曲，以了自己的心愿。在弹奏了一曲古筝之后，该女子翩然离去。这一幕，把刘敞、刘颁兄弟都看呆了。

　　每年春天到了休假的日子，苏轼就邀约客人来西湖游玩，从早上一直游玩到半夜，回来时要点着蜡烛才看得见路。每当这个时候，杭州就成了不夜城，城中的男男女女都云集在街道上，夹道观看从西湖归来的苏轼一行，成为一时之盛事，可见苏轼拥趸之多。

汉字大玩家

你认识下面这些字吗？一起查查字典，给它们注音并组词吧！

趸＿＿＿（　　　　　）趸＿＿＿（　　　　　）鼙＿＿＿（　　　　　）

寋＿＿＿（　　　　　）楚＿＿＿（　　　　　）

游弋

巡逻；泛指在水中游动。

你知道吗？

　　"弋"的本义是木桩，中国古代最早的词典《尔雅》："鸡栖于弋为榤（jié），凿垣（yuán）而栖为埘（shí）。"鸡休息的木桩称为"榤"，在墙壁上挖洞做成的鸡窝称为"埘"。后来在"弋"旁加"木"字，用"杙"字表示木桩的意思，"弋"字就不再有木桩的含义了。人们用"弋"字表示系有绳子的短箭，或用带绳子的箭射猎，从而引申出猎取、获得之义。

举个例子

　　水面上野鸭安闲游弋，十里湖区一片蛙鸣。

《诗刊》1977年第12期

隋炀帝巡游成瘾

隋炀帝生性好动，喜欢到处巡游，走遍了祖国的大江南北。

相传大业元年（605），隋炀帝带着二十万人到风景秀丽的江都巡游。隋炀帝和后妃乘坐长二百尺、高四层的龙舟，龙舟内部极其奢华。其他人分乘朱鸟航、玄武航等各色船只，总计五千二百多艘。船头船尾相接，足足有二百里长，仅拉纤壮夫就有八万多人，还有大队骑兵夹岸护送，盛况空前。船上的人每天就是喝酒享乐，到了夜晚，更是灯火通明，鼓乐之声传遍两岸。巡游队伍所到之处，许多郡县官吏逼迫百姓奉献珍贵食品，强迫他们预交几年的租金，以致老百姓倾家荡产。隋炀帝的三次大巡弋使得他彻彻底底成为了百姓口中荒淫无度的"昏君"。一直以来令人不解的是，尽管骂声一片，但在隋王朝灭亡之前，隋炀帝几乎是马不停蹄地到处游弋，而他巡游成瘾的原因也一直是个谜。

锃亮

反光发亮。也说锃光瓦亮。。

你知道吗？

　　锃的形旁是"金"，"金"在古代指的是"铜"，中国是最早冶炼铜的国家之一，很多字都带有"金"，比如"钟、铭、钱、镜"等，后来随着冶炼技术的发展，"金"字成为金属的总称。"锃"字在"金"的旁边加上了"呈"，"呈"表示"呈现"之意。"金""呈"相加，意义相合，指器物经磨擦后闪光发亮的意思。

举个例子

　　屋中央的小炕桌上，放着一个黄铜的炮弹壳，擦得明光锃亮，插满了金红色的野百合花。

魏巍《东方》

镜子的变迁

"当窗理云鬓，对镜帖花黄。"这是形容古代女子对镜梳妆的诗句。自从有了镜子，人们便可通过它照见自己的容貌，整理自己的容妆。

但是，在石器时代，人们还没有发明镜子，那时的人们怎么整理自己的蓬头垢面？只能靠水了。面对一盆水，或站在平静的河边、水边，整理一番。

进入青铜时代后，人们用青铜制造出了青铜镜，也称铜镜。在我国，秦汉以后的铜镜制造水平已闻名中外。一面青铜镜，从"制模"到"打磨"成功，大约要经过一百三十多道工艺。大的制造流程为：制模——打范——烧范——融铜——浇铸——打磨，铜镜经过反复打磨后，变得锃光发亮了。在使用的过程中，铜镜不但要时时擦抹干净，还得常常磨光，才能够保持光亮如新，照出清晰的影像来。

随着科技的发展，玻璃镜被发明出来了。由于玻璃镜价格低廉，清晰度高，它替代了制作流程复杂、清晰度不高的铜镜。现在，人们使用的主要是玻璃镜。铜镜悄悄地退出了历史舞台，成为了私藏或馆藏的收藏品了。

[zī rán]

孜然

孜然是安息茴香的种子，有特殊香气，用来做烧烤羊肉等的调料。

你知道吗？

"孜"是形声字，古文字形写做 𣥂，右边是形旁，像手持器械的样子，表示"孜"的本义与治事有关。左边"子"是声旁，用来表示读音。"孜"的本义是勤奋不懈的样子，如"孜孜不倦"。

"孜"字的演变过程：

战国　　《说文》小篆　　楷书

举个例子

用孜然调味，用量不宜过多。便秘或患有痔疮者应少食或不食。

佚名

汉字故事会

烧烤的历史

说到烧烤，那可以说是中国乃至世界上最早的一种烹饪方式了，如果从人类使用火开始计算，应该有一百多万年的历史了。够古老的吧！

传说中，在远古时代，人们还不太懂得如何捕捉水里的鱼和陆地上的禽兽，吃肉只能靠守株待兔。后来，伏羲将野麻晒成干搓成绳，然后用细一些的绳子编成网，教人们捕鱼；用粗一些的绳子编成网，教人们捕鸟捕兽。这比只吃树上野果要好多了，但是生鱼生鸟吃起来味道并不好，而且弄不好吃了还要闹肚子生病。伏羲取来天火后，便教人们用火把鸟儿、鱼儿烤熟了吃。从此，人们吃着香喷喷的烤肉，身体也更健康了。为了纪念伏羲，人们把他称为"庖牺"，即第一个用火烤熟兽肉的人。

像谷物这类粒状的食物不宜在火上直接烧烤，先民就发明了"石上燔（fán）谷"之法，就是把食物放在石板上，下面烧火。烧烤在人类的饮食进化史上有着划时代的意义。

汉字大玩家

"然"字的本义是燃烧，《说文解字》："然，烧也。""然"字后来被借用作连词、副词、助词等，本义反被掩盖了，为了便于区别，人们又造了"燃"字专指燃烧。

"然"的小篆写做，左上是"肉"字的古字形，右为直立犬形，下为"火"。以"火"烧"犬"之"肉"即为"然（燃）"。

请你也试着描一描、写一写小篆"然"字吧！

[bái è jì]

白垩纪

"白垩纪"指的是地质年代中生代的最后一个纪，历经 8000 万年。

汉字风云会

有趣的汉字王国⑥

68

你知道吗？

《说文解字》中写道："垩，白涂也。"说的就是它的本义：白色的土。我们每天使用的粉笔中就有这种白色的土——白垩。白垩是怎么来的呢？主要是由浮游生物的遗骸构成。菊石、海胆、贝类海生动物，还有各种不曾见过的古生物，死亡后经过漫长的沉积形成了白垩层。

举个例子

恐龙和蚂蚁的相互依存关系一直延续下来，两个物种一同创造了白垩纪文明。

刘慈欣《白垩纪往事》

最凶猛的白垩纪食肉恐龙

霸王龙，学名雷克斯暴龙，是最广为人知的恐龙之一。霸王龙生活在白垩纪晚期，它们平均体长 11.7 米，最长达 14.6 米，平均体重约 9 吨，最重 14.85 吨，是体形最为粗壮的食肉恐龙。

1902 年，美国一位恐龙化石采集家巴纳姆·布朗在美国蒙大拿州的黑尔溪发现了第一具霸王龙的骨骸。霸王龙拥有非常小的前肢，长度一般来说仅有 80 厘米左右，相对霸王龙的巨大体型和后肢来说，它的前肢显得非常细小，无法摸到自己的嘴，也无法触及到自己的脚，它的作用可能仅仅是用来平衡巨大的头部吧。霸王龙的嘴巴也十分巨大，它们的牙齿呈圆锥状类似香蕉，适合压碎骨头，而且咬力惊人。据科学家计算，成年霸王龙的咬力可以达到 10 万到 20 万牛顿之间。所有恐龙在霸王龙面前都无法逃脱，因为它那锋利的牙齿和惊人的咬合力能瞬间撕裂所有猎物，大概正因为如此，我们才叫它们霸王龙吧。

汉字大玩家

你知道白垩纪大灭绝吗？它发生在距今 6500 万年前白垩纪末期，由于地球上环境的巨大改变，约 75%~80% 的物种灭绝，长达 14 000 万年之久的恐龙时代在此终结，但也为哺乳动物及人类的最后登场提供了契机。

[cuō huǒ]

撮火

把燃烧的柴草等聚拢在一起，使火势更旺，比喻助长人的火气，也泛指生气。

你知道吗？

　　"撮"字的本义是用三个指头抓取物。它由"扌"和"最"组成。"扌"表示与手部动作有关，"最"是声符。"最"这个字的古文字形，上边表示帽子，因为帽子戴在人的头顶上，表示最高、最突出，所以"最"字有表示军功最高或居于首要地位的含义。"最"字的演变过程：

$$\text{寂} — \text{帰} — \text{最}$$
战国　《说文》小篆　楷书

举个例子

　　国王道："四个道长，一个撮火，一个就弄烟，一个煽风，一个就刮雨。"

〔明〕罗懋登《三宝太监西洋记》

张飞怒鞭督邮

东汉晚期，朝廷腐败，宦官外戚争斗不止，边疆战争不断，国势日趋疲弱，又因全国大旱，颗粒不收而赋税不减，走投无路的农民纷纷揭竿而起，爆发了黄巾起义，天下大乱。刘备与关羽、张飞桃园结义，想要报效国家，让百姓过上安定的生活。刘备率军平定黄巾起义立下大功，但是朝廷混乱，无人赏识刘备，最后只封刘备一个县尉的官职。

刘备上任不久，朝廷就派督邮前来查访、打探消息。可督邮对刘备非常不客气，后来刘备从侍从的口中得知这都是因为自己没有贿赂督邮。刘备皱起眉头，叹了口气，说："自从我上任以来从没有拿过百姓的一点东西，没有钱给他啊！"于是，督邮更加生气了，对刘备百般刁难。喝了几杯酒之后的张飞听到此事，十分撺火，牙齿咬得"咯咯"作响，眼里闪着一股无法遏制的怒火，好似一头被激怒的狮子。他怒气冲冲地闯入县衙，将督邮捆在树上，折下柳条就使劲地抽打，一连打断了好几根柳条。

刘备得知此事前来制止，关羽和张飞都劝刘备把督邮杀了，可刘备只是把县衙印挂在督邮脖子上，就带着两位义弟离开了。

【 cūn rǎn 】

皴 染

国画画山石时的一种技法。勾出轮廓后，为了显示山石的纹理和阴阳面，再用淡干墨侧笔而画。

你知道吗？

聪明的你，看到"皴"字右边是"皮"，可能在猜想：与皮肤有关？对了，"皴"本义确实与皮肤有关。最早是指皮肤上出现的细小皱褶。"染"指染色、渲染之意。当"皴"和"染"组成词语时，通常指国画中的一种画法。右图就是画家运用了皴染技巧画的山水画。

举个例子

那雪浪纸，写字，画写意画儿，或是会山水的画南宗山水，托墨，禁得皴染。

〔清〕曹雪芹《红楼梦》第四十二回

胸有成竹

北宋时候，有一个著名的画家名叫文与可，他是当时画竹子的高手。

文与可为了画好竹子，不管是春夏秋冬，还是刮风下雨，他常年坚持在竹林子里头观察竹子的形态。三伏天气，太阳像一团火，烤得地面发烫。可是文与可照样跑到竹林对着太阳的那一面，站在火辣辣的大太阳底下，全神贯注地观察竹子的变化。他一会儿用手指头量一量竹子的节把有多长，一会儿又记一记竹叶子有多密。汗水湿透了他的衣衫，满脸都流着汗，可是他顾不上用手抹一下，就跟没事儿似的。

由于文与可长年累月地对竹子作了细微的观察和研究，每当作画时，他时而轻笔细描，时而浓墨涂抹，时而水墨皴染，时而白描勾勒，画出的竹子无不传神逼真。

有个名叫晁补之的人，称赞文与可说："文与可画竹，早已胸有成竹了。"

汉字大玩家

生活中，带有"皮"的字可多了，如：披、皲（jūn）、跛、疲、被、皱，这六个字中，有两个字的意思与"皮肤"有联系，你知道是哪两个吗？《新华字典》可是我们的好帮手呀！

———— ————

[dàn fán]

惮 烦

怕麻烦。大多数情况下用它的否定用法，不惮烦即不怕麻烦。

你知道吗？

"惮"的本义是畏惧、害怕。《论语·学而》："过，则勿惮改。"犯了过错，不要害怕改正。"惮"字早期字形 𢤶 是上下结构，"心"在下边。到了小篆时，变成左右结构，"心"在左边。"惮"字的演变过程：

战国　《说文》小篆　楷书　　楷书

举个例子

你为什么这样不惮烦地阻止我。

巴金《龙》

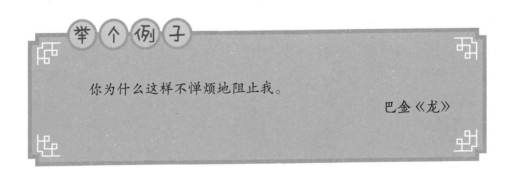

74

汉字风云会
有趣的汉字王国⑥

由少而多不惮烦

传说在远古时期，天上出现了好多黑乎乎的大窟窿，大地也塌陷成一道道大深沟。山林烧起了大火，洪水从地底下喷涌出来，龙蛇猛兽也出来吞食百姓。

女娲看到人们受此灾难，无比痛心，想到了用五彩石来补天的办法。她梦见有位神仙告诉她，天台山山顶就有许多可以用来炼石的五色土。天台山到处是长锯似的荆棘、犬齿般的乱石，然而女娲不怕险阻，她拨开荆棘，攀过乱石，手脚伤痕累累，脸也被划花，仍不分日夜往山顶的方向爬。女娲好不容易攀到山顶，就堆巨石作炉子，以五色土为原料，用神火冶炼了九天九夜，炼制了36 501块五彩石，这时女娲已经累得直不起腰了。她又把五彩石放在炉里，烧了九天九夜，把五彩石化成了很稠的液体。女娲把它装在盆子里，端到天边，把天上的窟窿一个一个填补好。女娲就这样夜以继日，不辞辛苦地劳作着，毫不惮烦。终于有一天，苍天补好了，灾难消除了。

　　"烦"字的左边是"火"，右边是"页"。"页"字的本义是"头"，所以"烦"是会意字，表示头热得像火烧一样，头痛头热则心意烦乱。请你描一描"烦"字的篆体，再自己试着写一写。

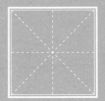

点绛唇

"点绛唇"字面意思就是"点红唇",是词调名或曲牌名。

你知道吗?

　　"点绛唇"是词牌名。词最初是伴随着曲子而唱的歌词,不同的曲子有不同的节奏和旋律,所以每一种词牌都代表一支曲子。古人写词要按照一定的格式。词的格式称为"词谱","词谱"规定了一首词的字数和平仄格式。词有非常多不同的词谱,大约有一千多种。人们为了便于记忆和使用,所以给它们起了一些名字。这些名字就是词牌。古人写词又称为"填词",就是依据词谱填写的意思。

举个例子

白雪凝琼貌,明珠点绛唇。

〔南朝·梁〕江淹《咏美人春游》

李清照买书

　　宋代女词人李清照是宋词婉约派的代表人物，有"千古第一才女"之称。她出身于书香门第，自幼博览群书，聪慧颖悟，才华过人。有一年清明时节，李清照穿着一件崭新的漂亮裙衫，外出踏青游玩。不知不觉她逛到了书市，突然她在一个书摊上发现了一本古书《古金石考》。她不禁大吃一惊，这可是她梦寐以求的古书啊！书摊的主人是一个须发皆白的老者。李清照手里紧握着那本书，急切地问："老伯，您这本书要卖多少钱？"老者说："这是我家传的一部古书，至少也得三十两吧。"没等老者把话说完，李清照把自己随身带的钱全部倒出来，仔细查点也不过十两左右。李清照显得有些着急，她请求老者明日再来这里将这本书卖给她，可是老者很为难地说他今天日落之前就得启程回自己家乡，明天已经没有办法再来这里卖书了。李清照一看，这时已近日暮，就算雇车回家拿钱也未必能赶上。李清照眉头一皱，忽然有了一个主意，她请老者稍等她一会儿，她很快就回来买书。过了半个时辰，老者见李清照只穿一件单衣，一路跑了回来，手里拿着银两。原来，她把自己的新衣给典当了，换了二十多两银子，连同自己随身带的十两银子，一起交到老人手中。然后，她抱起那本珍贵的《古金石考》，穿着单衣在乍暖还寒的春天里回家去了。

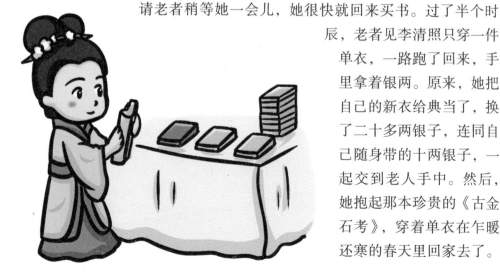

【 gàn shí xiāo yī 】

旰 食 宵 衣

天色很晚才吃饭，天不亮就穿衣起来，形容勤于政事。
旰：天色晚，晚上。

你知道吗？

　　你肯定知道，"宵"是一个形声字，形旁是"宀"（宝盖头）。但是，你知道吗，"宀"也曾是一个汉字，读作 mián。"宀"是什么意思呢？看到它的写法就知道了，"宀"字的甲骨文 ⌂ 是不是像一座尖顶房屋的侧视图？所以，"宀"的本义是房屋。因为晚上人们多在屋内，所以以"宀"作形旁的"宵"字是夜晚的意思。现在"宀"已经不再作为独立的汉字使用，但是它作为一个重要的形旁留在了很多汉字里，与房屋有关的名词，如"家"；与房屋有关的形容词，如"宽"；与房屋有关的动词，如"寄"，等等。

举 个 例 子

　　皇上旰食宵衣，公卿大夫且惭且耻。

〔后晋〕《旧唐书》

乱世为王　旰食宵衣

　　明朝最后一个皇帝明思宗朱由检，也就是崇祯皇帝，身处乱世，东北后金政权兴起，陕西农民起义，朝中宦官专权，满目疮痍，百废待兴。对此，崇祯皇帝把全部的精力都投入到治理国家中去，他对国家政务的勤勉程度，一直为人称道。

　　他工作起来不分昼夜，白天批阅奏章，接见群臣，晚上也在后宫看奏章，军情紧急时连续几个昼夜不休息。有一次，崇祯皇帝正在批阅奏章，突然闻到一股特殊的香味，顿时觉得热血沸腾，再也无心工作。他觉得十分奇怪，就仔细查找，发现一个小太监手拿一炷香，这香是秘方所制，是皇宫中一直流传下来的。崇祯皇帝觉得自己的工作都被这香给耽误了，立即下令毁掉秘方，再也不许制造使用。虽然崇祯皇帝旰食宵衣，但毕竟接手的是个烂摊子，内忧外患，他这个乱世皇帝也是回天乏术，最终只能看着明朝灭亡。

　　"食"字的甲骨文写做🔺，是会意字，上面那个三角形△表示"口"，下面这个🔺表示古代盛食物的器具"簋"。张口靠近簋进食，就是"食"字的造字本义。簋的两侧有四个小点，就像口中流下的口水。请你也试着写一写甲骨文"食"字吧！

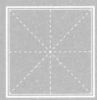

食—食—食
商　《说文》小篆　楷书

倥偬

形容事情急迫匆忙。

汉字风云会
有趣的汉字王国⑥

80

你知道吗？

"偬"这个字由"亻"和"怱"组成。"怱"字在现代汉语中已经不使用，在古代汉语中，"怱"和"匆"是同样的意思，表示急速。最初的古文字形金文里，"怱"写做 ♥，一颗心脏的样子，中间的一竖表示心在急遽地跳动。什么时候心脏会怦怦直跳呢？自然是急遽、急促、急忙的时候。因此加上单人旁组成的"偬"便有了急迫、匆忙的意思。"怱（匆）"字的演变过程：

♥ — 怱 — 怱 — 怱 — 匆

西周《说文》小篆　楷书　　楷书　　楷书

举个例子

凡有行役，虽数日程，道路倥偬之际，亦有日记。

〔宋〕周煇《清波杂志》卷九

戎马倥偬的门神

你知道传说中的门神是谁吗？一个是秦琼，一个是尉迟敬德，都是唐朝的开国将领。

秦琼和尉迟敬德，两个人都勇猛彪悍，万军丛中取人首级如探囊取物。他们征战南北，驰骋疆场，为唐王朝的创建和稳定立

下了汗马功劳。秦琼这样总结自己：自幼戎马倥偬，转战南北，身经大战200余次，光流的血也足足有几十斗之多。

传说唐朝建立后，唐太宗李世民每夜被冤魂吵得睡不了觉，秦琼和尉迟敬德二人自愿为唐太宗守门，果然，当夜相安无事，自此之后，秦琼和尉迟敬德二位大将就夜夜把守。李世民不忍二将辛苦，便命宫廷画家将秦琼和尉迟敬德的形象描在画布之上，张贴于宫廷的正门之上，这样做以后鬼魂再没有出现过。后来，民间纷纷仿效，也将秦琼和尉迟敬德的形象贴在自己的大门上，慢慢地，这两员大将便成为千家万户的守门神了，一站就站到了现在。

汉字大玩家

有关"倥偬"的诗句：

人生本坦荡，谁使妄倥偬。　　【唐】韩愈
有生常倥偬，无暇天所课。　　【北宋】黄庭坚
中原人倥偬，南国步艰难。　　【元】王冕

[lín cì zhì bǐ]

鳞次栉比

像鱼鳞和梳子的齿那样，一个挨着一个地排列着，多形容密集、整齐排列的样子。

有趣的汉字王国⑥ 汉字风云会

82

你知道吗？

现在我们管梳理头发的工具叫"梳子"，可是在古代，梳子的分类更细致呢！齿稀的叫"梳"，齿密的叫"篦（bì）"，梳理头发用梳，清除发垢用篦。梳和篦的总称就是"栉"。到唐代的时候，人们把"栉"进行雕刻，使它同时还具有了装饰作用，可以直接插在头上成为一件精美的发饰。这就是唐代金栉。

举个例子

登山头，望城里，只见黑沉沉的屋顶，鳞次栉比，街道上尘烟里，生灵挤挤。

徐志摩《悲观》

梳子的来源

传说轩辕黄帝的第二个妻子叫方雷氏，是一个非常聪明又爱干净的女人。

方雷氏所管理的 20 多位女子，经常蓬头垢面，一遇到重大节日，她总要把这些女子叫来，用她自己的手指把每个女子头上的蓬发一一捋（lǚ）顺，有时，连五个手指都捋破皮了。方雷氏为这事经常发愁。有一年，发生了一场大洪水，有人从洪水中捞回比胳膊还粗的十几条大带鱼送给了方雷氏。

方雷氏吃完鱼，鱼刺堆了一地，她随手拣起一根，折了一节，左看右看，觉得非常美观，不由得用鱼刺梳刷披在自己肩上的乱发。不一会儿，蓬乱的头发被梳得整整齐齐。第二天她就叫来她身边的所有女子，一人发给一节带鱼刺，教她们如何梳头发。一群女子嘻嘻哈哈地动手梳起来。有的女子笨手笨脚，一不小心鱼刺扎进头皮。有的女子用力过大，一下子把鱼刺折断了。有的女子说还不如用手指梳头发方便。用鱼刺梳头虽然失败了，可方雷氏并没有放弃鱼刺对她的启发。用什么东西能代替带鱼刺呢？有一天，她遇见黄帝手下专做木工的睡儿，她把带鱼刺拿出来，要求睡儿依照鱼刺的样子做一把木质的梳子。

睡儿苦思冥想，最后终于给方雷氏做成了一把有着一排整齐木齿的梳子。自此，中华民族使用梳子的时代开始了。

扪虱而谈

一边按着虱子，一边谈话。形容言谈从容不迫，不拘小节。

你知道吗？

"扪"的意思是摸，按。唐代诗人李颀在《野老曝背》一诗中写道："有时扪虱独搔首，目送归鸿篱下眠。"这诗句写出了百岁老人每天在暖乎乎的太阳下晒晒背，捉捉虱子，困了，就干脆在篱笆下面睡一觉的放松状态，让我们感受到了他的心满意足。读着这样的诗句，会让人想起《射雕英雄传》中的老顽童周伯通，虽然年岁已高，但仍有孩童般的天真烂漫。老人们正是怀抱一颗童心，才得以长寿。

举个例子

扪虱而谈，当时竟传为美谈。
　　鲁迅《而已集·魏晋风度及文章与药及酒之关系》

王猛扪虱谈天下

桓温第一次北伐驻军灞上时，一个穿着破旧的读书人到军营前求见。桓温很高兴地接见了他。这人就是王猛，从小家里穷，靠卖畚箕（běn jī）过活。但他饱读诗书，学问渊博。当时那些当官的嫌他出身低微，瞧不起他，后来他索性在华阴山隐居了。

桓温想试试王猛的学识才能，请王猛谈谈当今天下形势。王猛把南北双方的政治军事形势分析得一清二楚，见解十分精辟，桓温听了不禁暗暗佩服。王猛一面高谈阔论，一面把手伸进衣襟里摸虱子。桓温左右的士兵们见了，差一点笑出来。但是王猛却旁若无人，照样跟桓温谈得起劲。

后来桓温问及自己这次驻军灞上为什么地方上的豪杰都不来找他，王猛也是一语说中了桓温的心事。原来桓温北伐，主要是想在东晋朝廷树立他的威信，制服他在政治上的对手。他驻军灞上，不急于攻下长安，正是想保存他的实力。

桓温看出王猛是一个难得的人才，再三邀请他一起南下，王猛知道东晋王朝的内部矛盾很大，拒绝了桓温的邀请，仍旧回到华阴山去了。

从此，这个摸虱子的读书人出名了。他后来成了前秦王苻坚的亲信重臣。

[pǒ luo]

用柳条或篾片编成的盛物器具，帮儿较浅。有圆形的，也有略呈长方形的，用来盛放粮食、生活用品。

你知道吗？

86

　　"笸箩"这两个字都是形声字，声旁分别是"叵"和"罗"，形旁都是"𥫗"（竹字头），表示它们的材质最初都与竹子有关。"竹"这个字是象形字，它的古文字形就像竹叶下垂的形状。

商　　　　战国　　《说文》小篆　　楷书

举个例子

　　卖豌豆的小儿，戴着斗笠，裤角卷到腿根儿上，捧着笸箩。

老舍《四世同堂》

老手艺人的坚守

在山东乐陵市孔镇邓家村，人人都会编笸箩，村子里的人曾经靠编笸箩维持生计，但由于社会的发展，很多人都改了行。有一个叫邓延文的老人，今年已经 74 岁了，他依然在坚守着这门手艺。

说起邓延文爷爷的手艺，那可是人人叫好！柔软纤细的柳篾在他手里娴熟地飞舞着，雪白的柳条在麻线的约束下上下翻动着，一件笸箩在邓爷爷的手里呼之欲出。原来，邓爷爷打从十几岁就开始跟着父亲学习编笸箩。每天天还没亮，他就要去河中浸泡柳条，泡好后立刻要把柳条运到地窖里去。地窖里非常闷热潮湿，为何要把柳条放到地窖里呢？邓爷爷说："地窖里潮湿的环境有利于保持柳条的韧性，这就保证了笸箩的质量！"

笸箩编制的过程可复杂了，需要几十道工序，还需要编者的技术！"在起编时，不能有半点马虎，这就好比盖房子，地基没打好，怎么会盖出像样的房子呢？"邓爷爷一边用他那长满老茧的手编着笸箩一边说。就这样，邓爷爷常常一做就是一整天，编的笸箩结实美观，很受用户的青睐。但随着社会的发展，塑料制品、不锈钢制品慢慢取代了手工编制品，所以邓家村的笸箩销量也越来越差，很多人也因此改行了。但邓爷爷依然坚守着这门手艺，他常常对村里人和自己的晚辈说："做笸箩的人越来越少了，我们如果也停了，村里这门手艺就彻底消失了。老祖宗留下的手艺，咱不能丢！"

邓爷爷坚守传统手艺的精神，真令人敬佩！

入 彀

"入彀"指进入弓箭的射程以内，比喻就范，受其掌握，被笼络网罗。

你知道吗？

"彀"是张满弓的意思，后羿在教射箭时就特地告诉别人，一定要拉满弓射箭才有劲。那么"彀中"就是指弓箭射程所及范围，也可以比喻圈套、陷阱，"入我彀中"就是正中我的下怀，入了我的圈套的意思。你再读读"彀"字，是不是和"够"的读音很像？《红楼梦》第八十九回，林黛玉曾说："这张琴不是短，因我小时学抚的时候，别的琴都彀不着，因此特地做起来的。"这里的"彀"就是"够"的意思。你瞧，中国的汉字多有意思呀！

举个例子

唐太宗赐新进士宴，宴罢，缀行而出，上目送之，喜曰："天下英雄皆入吾彀中。"

〔五代〕王定保《唐摭言·述进士》

英雄入彀

唐太宗李世民登上皇位之后，深知武能安邦兴国、文能强民定国的道理。现如今，天下已经平定，那么接下来就主要靠文治了，因此李世民非常重视人才的选用。

那个时候，科举制度非常盛行，许多出身不等的才子都选择参加科举考试，想通过考试来显露自己的才华，金榜题名。

每次科举考试唐太宗都会偷偷关注。一到发榜的时候，他就会悄悄察看新录取的进士的情况。那些金榜题名的进士们，在这个时候就显得格外春风得意，一个个精神焕发，神采奕奕。而他们的身边也总会围绕着许许多多的考生，尽管落榜失意，但还是前来祝贺。有些人会来询问考试技巧，有些人就想来看个究竟。围在榜前的人如花团锦簇，给人以栋梁之材济济一堂的感觉。

唐太宗目睹此情此景，心里非常高兴，情不自禁地说道："天下的英雄，都进入我的彀中了！"暗自窃喜自己的子民人才辈出。

后来，"英雄入彀"这一典故就用来指有才能的人被笼络在一起。

汉字大玩家

描一描，你会写"彀"的篆文吗？

【 shān yáo yě sù 】

山肴野蔌

山中的野味和野菜。

你知道吗？

90

  "肴"指做熟的鱼肉。"肴"的小篆写做🔶，下半部分是"肉"字。经过字形演变，作为偏旁的"肉"多数都写做"月"。

  "蔌"指蔬菜，因此是"艹"字头，它和竹子没关系，注意不要写成竹字头的"簌"哦。

举个例子

  今日难得二位将军到此，山肴野蔌，且权当接风。

〔清〕钱彩《说岳全传》第三十五回

纪晓岚巧设"野菜宴"

乾隆皇帝在位期间，一时兴起便携几位大臣南下微服私访，途经济南。

当晚，乾隆皇帝用膳时，竟发现面前的桌子上"满盘皆绿"：一桌子的野菜。这时，纪晓岚诚惶诚恐地跪下对乾隆皇帝说："臣罪该万死，实在找不到更好的食物，只能让皇上勉为其难地吃些野菜吧！"乾隆皇帝吃惊地问："为何没有别的食物？"纪晓岚便故意含糊其辞："这个臣不太清楚，不过就连这些野菜臣也是费尽心思才找来的。"乾隆皇帝听了，深觉此地祥和平静的表面下必有隐情，遂连夜派人前去调查。

事情很快便有了结果：适逢济南遭遇自然灾害，粮食收成大减，而国家赋税却仍与往年相同。交完赋税后百姓所剩粮食很少，有些人家食不果腹，不得不吃些野菜充饥。当时，一些大臣为了面子问题，故意隐瞒灾情不上报。而且，当地官员早已探听到了乾隆来访的消息，提前做好了表面工作，所以乾隆皇帝看到的都是一派歌舞升平的盛世模样。至于那一桌子野菜宴，当然是纪晓岚有意安排的。

乾隆皇帝知晓灾情后，采取了一系列措施，百姓的生活得到了很大的改善。当然他也没有加罪于纪晓岚，一是纪晓岚也是为了解除黎民百姓的疾苦，二是纪晓岚的野菜宴中有一道菜，让乾隆皇帝吃得龙颜大悦，大呼美味。这道菜就是流传至今，几乎家喻户晓的"乾隆白菜"。

忝列门墙

"忝列门墙"是一种谦辞，意思是愧在师门。

你知道吗？

　　"忝"是不常用的文言词，是一个谦辞，表示"有辱于他人，自己心中有愧"的意思，"列"的意思是排列，也就是列入某个位置之中。"门墙"原来指院墙，在《论语》之后引申为"师门"。"忝列门墙"的意思是自己能够在某位老师门下当学生，心中真是万分惭愧。一定要注意的是，这个词只能用在自己身上，绝对不能用在别人身上。带有"忝"的谦辞还有"忝在知交""忝属知己""忝为人师"。

举个例子

　　先生德高望重，我能够忝列门墙，真是三生有幸！

佚名

叔孙武叔贬仲尼

有一天，叔孙武叔在朝堂上当着所有大臣的面称赞子贡说："子贡真是比他的老师仲尼（孔子）高明多了！"

子服景伯就把这件事告诉了子贡。子贡听完，面带羞愧地说："我就用房子的围墙来打个比方吧。我家的围墙只有一个人的肩膀这么高，经过的人从外面往院子里看，一下子就能看到院子里生长的芳草、盛开的鲜花，觉得十分美好；而我老师家的围墙足有好几丈高，如果不找到大门走进去看，就看不到它里面的房间多么美轮美奂，摆设多么富丽堂皇，花草多么鲜艳夺目。但是，能找到大门得以进入老师家中的人，真的是很少啊。你看，像我这么才疏学浅的人，有幸能够忝列门墙，聆听老师智慧的教导，心中的感激无法表达，哪里还能指望及老师之万分之一。"

子服景伯听完，明白子贡的意思是说，他的学问，人们可以看得到；而孔子的学问，则是任何人都望尘莫及的。只有有幸拜在他门下日日聆听教诲的弟子，才更明白，也更珍惜。

这个故事在大街小巷传开了。后来，人们便用"门墙"来指老师门下了。

汉字大玩家

"门墙"的意思有：①连接大门处的院墙；②师门；③学术的门径；④比喻某种事物的屏障。请你为下列句子选择正确的意思。

（1）御贼当在门墙之外。　　　　　　　　　　（　）

（2）少年曰："倘若不嫌愚钝，愿拜门墙。"　　（　）

（3）童子立门墙，问我向何处。　　　　　　　（　）

【 tōng qú 】

四通八达、宽敞平坦的道路。

你知道吗？

　　衢是个形声字，那你知道它的形旁是什么吗？是"行"，你猜到了吗？在甲骨文中"行"是这样写的：𣎴，像十字交叉的道路，"行"的本义是道路，后来从"道路"引申为"行走"，作动词用。"行"字的演变过程：

𣎴—行—行

战国　《说文》　楷书
　　　　小篆

举个例子

　　三面滨海的通衢里，建筑着许多颜色很沉郁的洋房。

郁达夫《过去》

"通衢大道"有何用

　　在古代，一个地方能有通达四地的交通就已经很可观了，于是冠之以"通衢大道"。有了宽阔平坦、四通八达的大路，人口和经济才会发展起来。比如战国时期的魏都大梁、赵都邯郸等都是富裕之地，它们的路况无一不是四通八达。

　　原只是为周王朝养马的秦人是如何强大起来，最后取得一统天下的胜利的呢？方法之一就是修路。修一条穿越秦岭、连接陕西中部与南部的山间大道，再沿金牛道直抵成都，拿下巴蜀，将西部两个富饶之地牢牢掌握在手中，于是粮丰、国富、兵强、马壮。后来，秦王朝一统天下后，也依旧不忘道路修建，将国道铺向一切势力可及的范围。可以说，秦王朝的统一和强大，"通衢大道"功不可没。

　　从秦朝到汉唐乃至各朝代，"通衢大道"无不是以首都为核心延向四方。这种辐射、连通、开放的道路保证了政令畅达、货物畅流、文化畅播。

小链接

　　《尔雅》是中国最早的一部解释词义的书，在《释宫》篇里有对道路等级的分类与解释。书中的道路示意图极有趣：方块图形代表都邑或大城市，圆圈代表中小城市，箭头代表道路。从都邑通往中小城市，画一个箭头的是"一达"，称为"道路"；一达里又岔出一条，通往另一座城市的为"二达"，曰"歧旁"；以此照推，如丁字路的"三达"叫"剧旁"，像十字路的"四达"谓之"衢"，"五达"谓之"康"，"六达"谓之"庄"，还有"七达""八达"直至"九达"。能通达四地的，称之为"通衢大道"；五六达的就是"康衢大道""康庄大道"。比喻有美好光明前途的成语"康庄大道"，大概就是这么来的。

[xī xī sū sū]

窸 窸 窣 窣

拟声词，形容摩擦等轻微细小的声音。

96

你知道吗？

　　"窸""窣"都是形声字，可以发现这两个字都有穴字头，表示与洞穴有关。我们知道，老鼠、蚂蚁、黑熊、蛇等动物都会根据自己的身材挖掘出大大小小的洞穴，用于避暑或是取暖，这些洞穴都是它们的家。在大自然中，弱肉强食，它们不得不谨慎进出洞穴，以免引起天敌的注意与进攻，声音自然会很轻，很细小。因此，"窸"表示出洞穴，"窣"也表示（动物）突然钻出洞穴，构成词语"窸窸窣窣"用来形容摩擦等轻微细小的声音。如"树叶窸窸窣窣""衣裙窸窸窣窣"等。

举个例子

　　一阵窸窸窣窣的声音，每个人都拿出讲义，端端正正摆在面前。

黄蓓佳《心声》

紫禁城里的蝈蝈

明代，京津两地人就有养蝈蝈的爱好。到了清代，人们把这种生活习惯发挥到了极致。被称为"百日虫"的蝈蝈一般只有三个月左右的寿命，但人们想出了让蝈蝈长寿的方法。清朝有专门管理饲养冬蝈蝈的机构——内务府奉宸院。每年立秋的时候，奉宸院就派专人捕捉和整理各地进贡的蝈蝈。经过筛选，将体质好、外形佳的雌雄草虫饲养于瓦盆中。它们所产的卵，养育在暖炕上，用土覆盖，每日洒水，慢慢孵化。几个星期之后，它们渐渐伸翅，窸窸窣窣细鸣，入冬时正好成虫。

有一次，宫女在侍候慈禧太后沐浴。突然，一阵蝈蝈声窸窣作响，把慈禧吓了一跳。原来，宫女忘了把怀里的蝈蝈取下，蝈蝈在怀里一暖和，便放声歌唱起来。宫女以为自己大祸临头。可慈禧不但没有责备她，反而开心地笑个不停。这件事传开后，皇宫里更是蓄养蝈蝈等草虫成风。从金秋到寒冬腊月，紫禁城里的草虫鸣声不绝于耳。在万籁寂静的萧索隆冬，这鸣叫声给人们带来了无穷的生机和心理慰藉。

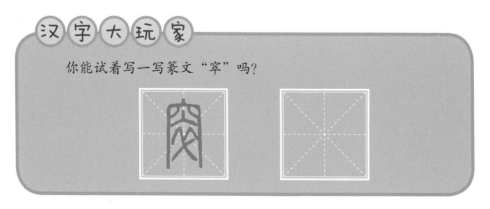

你能试着写一写篆文"窣"吗？

[xī wēi]

熹微

形容阳光不强（多指清晨的阳光），光线淡、弱的样子。

你知道吗？

含"灬"的字一般分两种意思：一种从"火"变形来的，意思也就跟"火"有关，如"热""黑"；还有一种表示动物的尾巴或者脚，如"鱼（魚）""燕"。"熹"属于第一种意思，本义是"烤炙"，在"熹微"一词中取引申义"光明"。"微"是细小、轻微的意思。"熹微"指的就是早晨，太阳透出了一点点光芒时的景致，所以人们习惯说"晨光熹微"。像这样描写早晨的成语还有"朝阳初上""晨曦微露""东方欲晓""晨曦初露"。

举个例子

这种鸟大白天照例十分沉默，可是每在晨光熹微中，却喜欢坐在人家的屋脊上，"郭公郭公"反复叫个不停。

沈从文《云南的歌会》

闻鸡起舞

祖逖生活的年代，匈奴在北方横行霸道，西晋王朝面临崩溃。他立志要发奋图强，保家卫国。

祖逖有一个很要好的朋友叫刘琨。他们一起在司州做主簿。两人同睡一张床，关系十分融洽，常纵论世事，有时夜深还不能睡，拥被起坐，相互勉励道："如果天下大乱，豪杰并起，你我二人应在中原干出一番事业！"一天夜里，祖逖在睡梦中听到了公鸡的鸣叫，被惊醒了。他向窗外一看，天边挂着一弯残月，东方散发着微弱的光芒，即将露出鱼肚白。祖逖不想睡了，他用脚踢醒刘琨说："你听，鸡叫了！"刘琨醒来揉揉眼睛说："半夜鸡叫不吉利。"祖逖说："我偏不这样想。干脆我们以后一听到鸡叫就起来练剑怎么样？"刘琨欣然同意。

于是，他俩每天凌晨一听到鸡叫就起床，拿下墙上挂着的剑，走出屋子，在熹微的晨光中舞剑。春去秋来，寒来暑往，从不间断。功夫不负有心人，剑光飞舞中，他们终于成为能文能武的英才。

后来，祖逖被封为镇西将军，实现了报效国家的愿望；刘琨做了征北中郎将，也充分发挥了自己的文才武略。

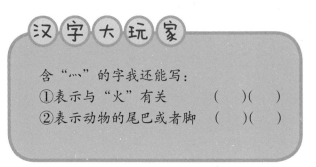

汉字大玩家

含"灬、丶"的字我还能写：
① 表示与"火"有关　　　（　）（　）
② 表示动物的尾巴或者脚　（　）（　）

[yù rú]

裕 如

形容从容，不费力，也形容丰足有余。

汉字风云会
有趣的汉字王国⑥

100

你知道吗？

　　"裕"的形旁是"衤"，和衣服有关，许慎在《说文解字》中说："裕，衣物饶也。"意思是"裕，就是衣服和食物很充足"，"裕"的本义是富饶、充足。"裕如"一词可以用来形容人，常常和"应付裕如"连用，比喻做事从容不迫。

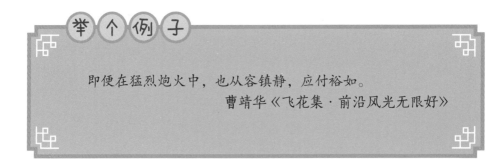

举个例子

　　即便在猛烈炮火中，也从容镇静，应付裕如。
　　　　　　　　曹靖华《飞花集·前沿风光无限好》

诸葛亮舌战群儒

东汉末期，曹操南征荆州，一路上高歌猛进，势如破竹，孙权手下的大将鲁肃想要说服孙权和刘备联合起来共同对抗曹操，但孙权犹豫不决，于是鲁肃请诸葛亮来当说客。

鲁肃带着诸葛亮来到孙权帐下，见了东吴的一群谋士。东吴第一谋士张昭首先发难："听说刘备三顾茅庐，把你请出山，可是为什么自从你跟了刘备，曹兵一来，你们就丢盔卸甲。现在荆州已被曹操获得，你还能有什么办法呢？"说罢，哈哈大笑。诸葛亮笑了笑，说："我们主公刘备取荆州这块地盘易如反掌，只是不忍心夺取刘氏同宗的基业，才被曹操捡了便宜。现在屯兵江夏，是另有宏图大计，这是我们的策略。国家大事，天下安危，要靠谋划。而一些平时善于口舌之徒，只会在此高谈阔论，真正遇到问题却拿不出一个办法来，这才是叫天下人耻笑啊！"一番话说得张昭哑口无言。

接着又有几人接二连三发难，诸葛亮都一一对答如流，最终说服孙权联合抗曹。在这一场舌战中，诸葛亮运用辩论的技巧，有理有据，雄辩滔滔，应付裕如，真不愧是一代名相啊！

汉字大玩家

"如"字意思知多少：

A.如同，好像　B.顺从，依照　C.及，比得上

D.语末助词，相当于"然"　E.往，去

1.自叹不如（　　）　　2.如厕（　　）　　3.如约而至（　　）

4.大弦嘈嘈如急雨，小弦切切如私语。（　　）　5.裕如（　　）

[yì xìng chuán fēi]

逸兴遄飞

超逸豪放的意兴勃发飞扬。遄，往来频繁而疾速。

你知道吗？

"逸"是会意字，由"兔"和"辶"组成，小篆写做 ，左边是由 彡（道路）和 止（脚趾）组成，合写为"辵"，辵再简写为"辶"，所以"辶"的意思是脚在路上行走。"逸"在"辶"上加"兔"，我们都知道兔子善于奔跑，因此"逸"的本义是逃跑，引申为隐逸、散失，又引申为闲适、安乐、安闲等意思。

举个例子

他逸兴遄飞，登上了海拔一八六〇公尺的莲花峰，黄山最高峰的绝顶。

徐迟《黄山记》

李白与《赠汪伦》

　　李白是唐朝著名的大诗人，他一生豪放飘逸，非常喜欢游览名山大川。

　　一天，他收到一个叫汪伦的人写给他的信，信上写着："您喜欢游玩吗？我们这里有十里桃花；您喜欢喝酒吗？我们这里有万家酒店。请您来我们泾县玩吧。"李白一看，有美景和好酒，人生一大乐事啊！当下逸兴遄飞，快马加鞭奔向泾县。可是到了泾县，压根儿没见到什么十里桃花，更别提万家酒店了。正在纳闷，一个村民走上前来说："先生，见到您真是太荣幸了，我就是汪伦。"接着便解释说："我信里所说的十里桃花，是指十里之外有个桃花潭，而万家酒店呢，是说有一家姓万的人开的酒店。"李白听了，哈哈大笑，心想：既来之何不乐之。

　　汪伦邀请李白住在他家，拿好酒好菜热情地招待，两人谈诗论词相谈甚欢，成为了好友。几天后，李白决定要离开了，继续云游四海。但为了不给汪伦添麻烦，他准备悄悄地坐船回家。谁知就在李白的船正要开动的时候，汪伦和村里的乡亲们在岸边手拉着手为他踏歌送行。见到此情此景，李白又惊又喜，满腔情意直接吟诵出了千古名诗——《赠汪伦》："李白乘舟将欲行，忽闻岸上踏歌声。桃花潭水深千尺，不及汪伦送我情。"

　　"飞"是象形字，它的古文字形像鸟儿扇动翅膀飞翔的样子。下面是"逸兴遄飞"四个字的小篆，请你试着描一描，写一写吧！

[yīn yì]

阴翳

阴霾；树木枝叶繁茂成阴。

有趣的汉字王国⑥ 汉字风云会

104

你知道吗？

　　"翳"的本义是指华盖，即马车上的伞盖。那为什么"翳"字下面是个"羽"呢？原来古人在坐马车时为了遮蔽刺眼又炎热的太阳，特意在车上设计了一根竖着的柄，将鸟的羽毛聚于柄头，它的形状像一个盖头一样，挡住了阳光，留下阴凉。这就是"翳"的由来。后来，华盖的制作越来越精美，加上了流苏、宝石等贵重饰物，成了身份地位的象征。

举个例子

　　方山川未通，居民未多，林木阴翳，禽兽麋鹿出没于其间之时，其静深当不止今日。

〔宋〕陈亮《重建紫霄观记》

欧阳修与《醉翁亭记》

公元 1045 年，北宋著名文学家欧阳修在滁州任太守。滁州是一个四面环山的地方，其中西南方的琅琊山树木繁多，枝叶茂盛。春天芳草萋萋，幽香扑鼻；夏天古树参天，形成天然棚盖，林木阴翳，一片清凉；秋天，风声萧瑟，霜重枫红，另有一番美景；冬天，水瘦石枯，山间自有幽静之气。琅琊山四季皆美，常常令欧阳修流连忘返。

在山间，有一座建于泉水之上的亭子。有一次，他在亭子里宴请宾客，请朋友们喝着山泉酿造的清甜的酒，吃着山间新鲜的野菜，看游人在路上高兴地欢唱，在山间泉水中捕捉肥美的鱼，在觥筹交错间尽情快乐。

到了傍晚，日下西山，山谷渐渐被薄纱般的雾气笼罩，一片朦朦胧胧，若隐若现。游人们都陆续归家，只剩山间的鸟儿还在婉转歌唱。看着大家尽兴而归，欧阳修也很快乐，良辰美景让他文思泉涌，欣然创作了传世名篇《醉翁亭记》，发出了"醉翁之意不在酒，在乎山水之间也"的感叹。

腌渍

把鱼、肉、蛋、蔬菜、果品等加上盐、糖、酱油等，放置一段时间使入味。

你知道吗？

　　"腌"，用盐浸渍食物。"渍"，短时间浸泡。腌渍食品是食品保藏的一种方法，其目的是防止食品腐败变质，延长食品的食用期。腌渍食品是一种很古老的保藏食品的方法，在民间比较普及，不同地区、不同民族都有食用腌渍食品的习惯。腌渍食品不仅有特殊的风味，有的还有刺激食欲、帮助消化、去油腻的功效。有些地区无论家庭餐桌上，还是豪华的酒楼必有各色腌渍小食品点缀。

举个例子

　　我吃过苏州的春不老，是用带缨子的很小的萝卜腌渍的，腌成后寸把长的小缨子还是碧绿的，极嫩，微甜，好吃，名字也起得好。

汪曾祺《咸菜和文化》

咸菜和文化

偶然和高晓声谈起"文化小说",晓声说:"什么叫文化?——吃东西也是文化。"我同意他的看法。这两天自己在家里腌韭菜花,想起咸菜和文化。

咸菜可以算是一种中国文化。西方似乎没有咸菜。我吃过"洋泡菜",那不能算咸菜。日本有咸菜,但不知道有没有中国这样盛行。中国不出咸菜的地方大概不多。各地的咸菜各有特点,互不雷同。北京的水疙瘩,天津的津冬菜,保定的春不老。"保定有三宝:铁球、面酱、春不老。"我吃过苏州的春不老,是用带缨子的很小的萝卜腌制的,腌成后寸把长的小缨子还是碧绿的,极嫩,微甜,好吃,名字也起得好。保定的春不老想也是这样的。

周作人曾说他的家乡经常吃的是咸极了的咸鱼和咸极了的咸菜。鲁迅《风波》里写的蒸得乌黑的干菜很诱人。腌雪里蕻(hóng)南北皆有。上海人爱吃咸菜肉丝面和雪笋汤。云南曲靖的韭菜花风味绝佳。曲靖韭菜花的主料其实是细切晾干的萝卜丝,与北京作为吃涮羊肉的调料的韭菜花不同。贵州有冰糖酸,乃以芥菜加醪糟、辣子腌成。四川咸菜种类极多,据说必以自贡井的粗盐腌制乃佳。行销全国,远至海外,堪称咸菜之王的,应数榨菜。朝鲜辣菜也可以算是咸菜。延边的腌蕨菜北京偶有卖的,人多不识。福建的黄萝卜很有名,可惜未曾吃过。

我的家乡每到秋末冬初,多数人家都腌萝卜干。到店铺里学徒,要"吃三年萝卜干饭",言其缺油水也。中国咸菜多矣,此不能备载。如果有人写一本《咸菜谱》,将是一本非常有意思的书。

(节选自汪曾祺的文章《咸菜和文化》)

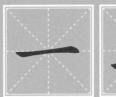

一拃

"一拃"表示张开的大拇指和中指（或小指）两端间的距离。

你知道吗？

"拃"在"一拃"中是个量词，指张开的大拇指和中指(或小指)两端间的距离，如图。它也可以当动词用，如："请你把桌子拃一拃。"意思是用手量一量桌子的长度。"拃"是我们身体上的一把尺子，一拃有多长因人而异。在生活中，你需要丈量物品的大致长度，但身边正好没有尺子，你可以试一试。除了"一拃"，我们还有许多把随身携带的"尺子"，如：一庹（tuǒ）、一步、一头、一指、一脚……有了这些身体自带的尺子，在测量长度时就方便多了，不过值得注意的是，这些尺子会存在一定的误差，不能做精确测量。

举个例子

来全的爹，整天嘴里咬着一拃长的小烟袋，埋头干活。

茹志鹃《三走严庄》

郑人买履

　　古时候，郑国有一个人想买一双鞋，他就先在家里用草绳量好自己脚的尺寸，然后就顺手把这根草绳放在座位上。

　　第二天一大早，郑人就急匆匆地出门去买鞋。他来到了集市上，看中了一双鞋，正准备买的时候，忽然发现那根草绳放在家里忘了带来了，他就对卖鞋的店家说："我忘记把我鞋子的尺寸拿来了，等我回家拿来了尺寸再买。"说完，便扭头往回走。旁边的人听了，都丈二和尚摸不着头脑，拉住他问道："你给自己买鞋，为什么不直接用你自己的脚试穿一下？"那个郑人就说："我宁可相信自己量好的尺码，也不相信自己的脚。"说完他赶紧跑回家去拿草绳。但等他赶回来时，集市已经散了，他的鞋子也就没有买成。

　　这个郑人只相信量脚得到的尺码，而不相信自己的脚，不仅闹出了大笑话，最后连鞋子也没买到。

　　现在，人们用"郑人买履"来形容那些不顾客观实际、不懂得变通的人。

汉字大玩家

你知道"一庹"有多长吗？

　　一庹，就是指两臂左右平伸，掌心向前，两手指尖之间的距离（如右图）。一庹的长度是因人而异的，因胳膊的长短不同，所以它不是一个固定的长度。

[zòng héng bǎi hé]

纵横捭阖

在政治、外交上运用手段进行联合或分化。

你知道吗？

《淮南子》中说："南与北合为纵，西与东合为横。"齐、楚、燕、赵、韩、魏六国地连南北，六国联合抗秦称为"合纵"，而秦国偏西，六国居东，故六国服从秦国称为"连横"。"捭阖"是一对反义词，意思是开合。战国时期，"捭阖"就是指谋士们游说于诸侯之间，使诸侯国要么连横事秦，要么合纵抗秦。正因为"纵横捭阖"，战国时期政治军事风起云涌！

举 个 例 子

原来受周朝领导的诸侯国早已发展成为不同程度的具有共同语言和文化的独立国家了，但它们之间互设军事和关卡的壁垒，随时准备搞纵横捭阖，时而进行战争，时而议和。

崔瑞德　鲁惟一《剑桥中国秦汉史》

苏秦相六国

战国时期，七雄纷争天下，秦国通过改革实力空前强大，并通过连绵不断的战争攻打吞并其他国家，各诸侯国对秦国是又惧又怒。

当时，洛阳有个叫苏秦的人，他认为：秦国国强地险，而其他六国彼此消耗，七雄并立的格局早已被打破。因此他根据时局，提出了"遏制秦国，六国合作抗秦"的合纵策略，认为凭此可以游说当世君王了。

他从周显王开始游说，后来又试图游说秦国和赵国，都以失败告终。他辗转至燕国，在燕国整整待了一年，燕王终于接见他。苏秦建议燕赵同盟，要燕王主动向赵国提出合纵计划，两国同心，不怕外患。燕王听后，觉得很有道理，马上资助苏秦，请他去邯郸游说赵国。此时，年轻有为的赵肃侯正式接掌了赵国，苏秦拿着一份军事地图，对赵王说："六国土地加起来，大秦国五倍，军队大秦国十倍，只要六国合纵在一起，力量就足够制伏秦国。"赵王听了也觉得有理，采纳了苏秦的"合纵"主张，并资助他去游说各诸侯国加盟，以订立合纵盟约，共同抗秦。

苏秦游说完各个诸侯后，六国终于达成合纵联盟，团结一致。苏秦被任命为"纵约长"（合纵联盟的联盟长），并且担任了六国的国相，同时佩戴六国相印。苏秦把合纵盟约送交秦国，从此秦国不敢窥伺函谷关以外的国家长达十五年之久。

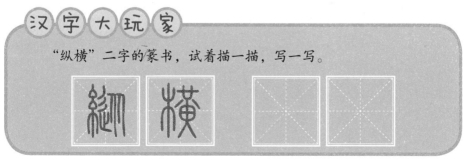

汉字大玩家

"纵横"二字的篆书，试着描一描，写一写。

[zhěn niàn]

轸念

悲痛地怀念、深切地思念。

汉字风云会
有趣的汉字王国
⑥

112

你知道吗？

　　"轸"字是车字旁，它的本义是指古代车厢底部四面的横木或车厢后面的横木。后来"轸"字常被用来形容悲痛、隐痛之义，比如屈原《楚辞·九章·哀郢（yǐng）》："出国门而轸怀兮。"（离开郢都的城门，心中悲痛。）"轸念""轸怀""轸叹"（痛惜而慨叹）、"轸悼"（沉痛悼念）等词在现代汉语的书面语中还时常被使用到。

举个例子

　　思幽人而轸念，望东皋而长想。

〔唐〕姚思廉《梁书·沈约传》

曹国舅的故事

曹国舅名叫曹佾，相传他是宋仁宗的大舅子，身份尊贵，因此被称为"曹国舅"。虽然他家世显赫，但他清心寡欲，不贪恋富贵，不利用特权，严格要求自己和家人。宋仁宗对他赞赏有加。

曹国舅有一个弟弟，自认为自己是皇亲国戚而逞强行恶，经常抢夺百姓的田地据为己有，做了很多坏事。曹国舅常常劝告他："我们位高权重，又是皇亲国戚，更加应该知法守法，万万不可做伤害百姓之事！"可是无论曹国舅如何苦口婆心，都不能使这个弟弟改过自新，最后竟然还被他视为仇人。曹国舅只好摇摇头，叹着气对家人们说："天下之理，积善者昌，积恶者亡，这是不可更改的。咱家行善事，累积阴功，才有今日之富贵。如今我弟积恶至极，虽然表面上他能逃脱刑典的制裁，但暗里却难逃天法。一旦祸起，家破身亡，到那时想牵只黄狗出东门，都是不可能的，我既感到耻辱又害怕那一天的到来啊！"于是他散尽家财，经常救济贫苦之人，赢得百姓爱戴。

曹国舅不仅对穷苦之人乐善好施，对朝廷也是尽心尽责！宋仁宗一说起他，就对他赞不绝口。但曹国舅年岁增长，虽然潜心修道，但依然疾病缠身，无法参与朝政。宋仁宗痛惜地说："国舅生病已久，我深切地思念他！真期待听到他不用药病就自然好了的消息啊！"

后来传说曹国舅辞别家人和朋友，隐迹于山岩，潜心修道，成为民间传说中的八仙之一。

[suǒ fèi bù zī]

所费不赀

花费的钱财不计其数。赀，在这里是"计算"的意思。

你知道吗？

　　"贝"字旁的汉字一般都与金钱有关，因为贝币是夏商时代的一种货币，它既是象征吉祥的贵重装饰品，又可以用枚计数，而且坚固耐用，便于携带。你看，财、赔、贿、贫、贵……这些字都是与"钱"相关的。"赀"也一样，最早就是指罚款，后来又引申出计算物品的价格或数量的意思，比如"不可赀计"，就是无法计算的意思。

举个例子

　　这倭夷，远隔重洋，国王是个女主，先前嗣位，年纪尚轻，听信喜事的人，闹了二十余年，所费不赀，渐渐追悔。

〔清〕魏秀仁《花月痕》第四七回

所费不赀的阿房宫

统一六国后，秦始皇穷奢极侈，骄横顽固，不惜耗费巨大的人力物力修建了极度奢华的阿房（ē páng）宫。

从骊山到咸阳，阿房宫占地三百多里，楼阁高耸，遮天蔽日。渭水和樊水浩浩荡荡，水波荡漾地流入阿房宫的围墙。宫内五步一楼，十步一阁；走廊宽而曲折，突起的屋檐像鸟嘴向上撅（juē）起。这些亭台楼阁，各自凭借不同的地势，参差环抱，回廊环绕像勾心，飞檐高耸像斗角，但都向中心聚拢；盘旋的、曲折的，像蜂房，像水涡，矗立着不知有几千万座。

阿房宫所费不赀：宫中负载大梁的柱子，比田里的农夫还多；架起侧梁的椽子，比织布机上的女工还多；看得见的钉子，比谷仓里的稻米还多；横直密布的屋瓦，比老百姓身上的衣服的线还要多；纵横的栏杆，比天下的城郭还多；乐器的演奏声，比闹市的人说话声还多。

面对秦始皇种种暴行，天下的老百姓敢怒而不敢言。陈胜、吴广揭竿而起，四方响应，函谷关被攻破，项羽放了一把火，将"天下第一宫"——阿房宫变成了一片焦土。

【 shén kān 】

神龛

供奉神像或祖宗牌位的小阁子。

你知道吗?

"龛",《说文解字》:"龛,龙貌。"本义是龙的样子。常用义为供奉神像、神位的小阁子。如唐代杜甫《山寺》:"野寺根石壁,诸龛遍崔嵬。"意思是坐落于偏僻地方的庙宇建造在山间石壁上,所有的佛龛都高低不平。"龛"还可以用来指佛塔,特指贮存僧人遗体的塔或地下室,或表示僧人遗体火化时所用的棺材。如明代冯梦龙《警世通言·白娘子永镇雷峰塔》:"修行数年,一朝坐化去了。众僧买龛烧化,造一座骨塔,千年不朽。"

举个例子

船是只新船,油得黄黄的,干净得可以作为教堂的神龛。

沈从文《湘行散记》

祭祀文化知多少

　　中国的祭祀文化千姿百态，早在上古的黄帝时期，就已经产生了大规模的祭祀活动。

　　祭天：在古人看来，天是世界万物的创造者。几千年来，无论帝王将相或是平民百姓，无不信天、敬天、拜天，他们以种种方式祭祀天神，祈求天神的保佑。

　　祭地：祭地又叫"社祭"。古人称土地之神为"社"。"稷"是古代称一种粮食作物的名称，又以"稷"为百谷之长，因此帝王奉祀为谷神。在中国古代封建社会，土地和农业关系到王朝兴衰，所以后来"社稷"就成了国家政权的代名词。

　　祭祖：除了祭天、祭地，最常见的就是祭祖了。早在原始社会，就有了鬼魂的观念。人们相信祖先有一种神秘的力量，子孙通过祭祀的仪式和祭品的供奉，既可使祖先保佑与赐福自己，也能表达对祖先的孝思和缅怀之情。因此，祭祖活动也就代代相传。

　　祭圣贤：祭圣贤也是祭祀文化的一种，如对黄帝、炎帝、孔子和关公的祭祀，另外还有行业神，比如学算命先拜鬼谷子，木匠、泥水匠等则尊奉鲁班，还有家神，比如门神、灶神、井神等。

　　中华文明的祭祀文化异彩纷呈，希望它能吸引你们探骊得珠。

[suì miǎo]

岁杪

年底。

你知道吗？

　　"杪"字左边为"木"，右边为"少"，"少"有小的意思。一棵树最幼小的部分是哪里呢？自然是树梢。所以"杪"的本义就是树的末端，引申指年、月或季节的末尾、末端，如岁杪、月杪、秋杪等。

举个例子

　　归时适值岁杪，乃记此残断之新闻，以还偿此腊尾余日之笔墨旧债。

黄远庸《岁暮余闻》

岁杪故事多

年，是古代传说中的怪兽，它的传说故事大家都知道了，这里说一个过年压岁钱的故事：传说，古时候有一种身黑手白的小妖，名字叫"祟"，每年的年三十夜里出来害人，它用手在熟睡的孩子头上摸三下，孩子吓得哭起来，然后就发烧，讲呓语，几天后热退病去，但聪明机灵的孩子却变成了痴呆疯癫的傻子了。人们怕祟来害孩子，就点亮灯火团坐不睡，称为"守祟"。

在嘉兴府有一户姓管的人家，夫妻俩老年得子，视为掌上明珠。到了年三十夜晚，他们怕祟来害孩子，就逼着孩子玩。孩子用红纸包了八枚铜钱，拆开包上，包上又拆开，一直玩到睡下，包着的八枚铜钱就放到枕头边。夫妻俩不敢合眼，挨着孩子长夜守祟。半夜里，一阵旋风吹开了房门，吹灭了灯火，黑矮的小人用它的白手摸孩子的头时，孩子的枕边迸裂出一道亮光，祟急忙缩回手尖叫着逃跑了。管氏夫妇把用红纸包八枚铜钱吓退祟的事告诉了大家。大家

也都学着在年夜饭后用红纸包上八枚铜钱交给孩子放在枕边，果然以后祟就再也不敢来害小孩子了。原来，这八枚铜钱是由八仙变的，在暗中帮助孩子把祟吓退，因而，人们把这钱叫"压祟钱"，又因"祟"与"岁"谐音，随着岁月的流逝而被称为"压岁钱"了。

渊薮

人或事物聚集的地方。

你知道吗？

　　"渊"是象形字，它的甲骨文 ⅢⅢ 像四岸之内有川流的积水，表示"深潭"之义。"薮"是形声字，形旁是"艹"（草字头），指的是水少而草木丰茂的沼泽。渊，鱼聚之处；薮，兽聚之处。因此，"渊薮"一词有了"聚集之地"的含义。

　　"渊"字的演变过程：

ⅢⅢ — 囦 — 渊 — 渊 — 渊 — 渊

商　　商　　西周　说文《小篆》楷书　楷书

举个例子

　　多少年了，大西洋啊，成了大海盗的渊薮。

艾青《大西洋》

人文杭州

　　杭州城因美景而闻名天下，更因众多的人文景观而增色生辉。

　　自古以来，杭州西湖就和英雄的名字联系在一起。历史上著名的民族英雄岳飞、于谦、张苍水，清末革命家秋瑾、徐锡麟、陶成章等，都埋骨西子湖畔。自唐宋以来，杭州西湖就和诗人、画家结下不解之缘，诗人白居易、苏东坡、林和靖、柳永……都为她留下了千古传诵的诗篇。漫步在绿柳笼烟、桃花灼灼的苏、白两堤之上，默诵诗人吟咏西湖的名句时，自然会追念起先辈们治理西湖的功绩。西湖也是画家的最爱，近代大画家吴昌硕，现代大画家黄宾虹、潘天寿等，都描绘过她的仙姿丽质。

　　素有"人间天堂"美誉的杭州城也和灿烂的文化联系在一起。在飞来峰的洞穴和峭壁上，雕刻着从五代至宋、元时期的石刻造像470多尊。线条流畅，栩栩如生。慈云岭的后晋造像和烟霞洞的五代造像，神情飘逸，雄浑自然。它们都具有很高的艺术价值。西泠印社珍藏的汉三老碑、杭州碑林的南宋石经，都是古代著名碑刻。六和塔、白塔、保俶塔、灵隐寺和梵天寺经幢等建筑和雕塑艺术，是我国古代劳动人民智慧的结晶。孤山南麓的文澜阁，是清代为珍藏《四库全书》而建的七大书阁之一。

　　拥有2200多年历史的杭州城，真不愧是人文景观的渊薮。

附录:

"汉字大玩家"参考答案

P9　粗中有细　难过

P11　拾人牙慧——慧心巧思——思前想后——后继有人
　　　——人山人海——海阔天空——空空如也

P15　稗 睥 碑 裨 婢 啤

P23　豆蔻年华　风华正茂　耄耋之年

P25　弓 射 弩 箭

P61　qióng dǔn bié jiǎn xué

P73　鞍 皱

P93　(1)④　(2)②　(3)①

P99　煎 熬 焦
　　　熊 鸟(鳥) 羔

P101　1. C　2. E　3. B　4. A　5. D

图书在版编目（CIP）数据

汉字风云会　有趣的汉字王国．⑥/《汉字风云会》
栏目组编著；关正文总策划．－福州：福建教育出版社，
2018.3（2019.2重印）
　ISBN 978-7-5334-7944-2

　Ⅰ.①汉…　Ⅱ.①汉…　②关…　Ⅲ.①汉字－通俗读
物　Ⅳ.①H12-49

中国版本图书馆CIP数据核字（2018）第045752号

Hanzi Fengyunhui Youqu de Hanzi Wangguo

汉字风云会　有趣的汉字王国⑥

《汉字风云会》栏目组　编著

关正文　总策划

出版发行	福建教育出版社
	（福州市梦山路27号　邮编：350025　网址：www.fep.com.cn
	编辑部电话：0591－83779650
	发行部电话：0591－83721876　87115073　010－62027445）
出 版 人	江金辉
印　　刷	福州华彩印务有限公司
	（福州市福兴投资区后屿路6号　邮编：350014）
开　　本	710毫米×1000毫米　1/16
印　　张	8.25
字　　数	119千字
版　　次	2018年3月第1版　2019年2月第3次印刷
书　　号	ISBN 978-7-5334-7944-2
定　　价	25.00元

如发现本书印装质量问题，请向本社出版科（电话：0591－83726019）调换。